Il RUOLO STRATEGICO DEI SISTEMI INFORMATIVI

la gestione della conoscenza e la generazione di valore

Vincenzo G. Calabrò

IL RUOLO STRATEGICO DEI
SISTEMI INFORMATIVI

Autore: Vincenzo G. Calabrò

2012 © Lulu Editore

ISBN 978-1-4717-0165-8

Maggio 2012 prima edizione

Distribuito e stampato da:
Lulu Press, Inc.
3101 Hillsborough Street
Raleigh, NC 27607
USA

Il Ruolo Strategico dei Sistemi Informativi

Indice

Considerazioni introduttive

Sempre più in azienda i manager a tutti i livelli necessitano di informazioni di tipo direzionale, non esclusivamente quantitative monetarie, ma anche di altra natura, per generare le quali si deve necessariamente ricorrere a strumenti informativi di tipo evoluto. Questo è l'assioma da cui la ricerca, che si sta presentando, intende partire.

Al di là dell'enunciazione altisonante, la novità del precedente assunto sta nella presa di coscienza che una strategia aziendale, per quanto valida sotto il profilo della creazione del valore, ha concrete difficoltà nell'essere realmente implementata e tradotta in termini operativi.

La tesi che si vuole sostenere è che il controllo di gestione si sta evolvendo; ai meccanismi tradizionali di valutazione economica e finanziaria si devono affiancare nuove modalità di reportistica e monitoraggio di tutti i fattori critici di successo aziendali. Il controllo di gestione è lo strumento indispensabile per l'implementazione di un piano strategico e nel breve periodo degli obiettivi strategici operativi.

Questa sempre più crescente esigenza ha contribuito a far sviluppare sul mercato nuovi applicativi in grado di sostenere in modo sempre più tempestivo ed efficiente la richiesta di informazioni di tipo direzionale.

Tuttavia, con ciò non si vuole sostenere che l'apparato concettuale di riferimento sia ormai obsoleto, ma semplicemente che i sistemi di pianificazione e controllo, concettualizzati dalla dottrina in materia, si debbano aprire ai nuovi strumenti gestionali ed alla tecnologia dell'informazione, in quanto il flusso tempestivo e selettivo di informazioni costituisce forse l'ingrediente più significativo per la corretta presa di decisioni in azienda.

Il controllo di gestione moderno deve essere strutturato come un processo dinamico e flessibile in grado di rispondere a nuovi paradigmi e nuove sfide legate all'evoluzione del business e delle sue complessità.

La Business Intelligence[1] rappresenta in questo contesto un valido supporto tecnologico, poiché rende disponibili al processo decisionale strumenti evolutivi di analisi, interpretazione e simulazione delle informazioni aziendali.

Capitolo 1. Il lavoro comincia con considerazioni introduttive (paragrafo 1.1) sul bisogno di conoscenza ed il valore dell'informazione in azienda e sull'importanza della trasformazione dei dati in informazioni e delle informazioni in conoscenza per il management. Alla luce delle considerazioni svolte nel primo paragrafo il capitolo prosegue argomentando sul ruolo dei sistemi informativi aziendali (paragrafo 1.2) trattandone le caratteristiche, sui sottosistemi informativi aziendali operativo e direzionale e sulle loro fasi evolutive (paragrafo 1.3). Asseriamo che affinché un'impresa venga amministrata con consapevolezza e piena conoscenza dei fatti, necessita di un sistema informativo. Nell'espletare la propria attività, il manager abbisogna di una serie cospicua di informazioni, sia interne che esterne all'azienda in cui opera e, pertanto, seppur restio storicamente al ricorrere ai supporti informatici, ha dovuto sempre più accettare l'influenza dell'informatica a supporto del ruolo informativo che egli gioca in seno all'impresa che dirige. La moderna economia industriale sembra regolata da un genio che si diverte a rendere complesso il governo delle imprese e, non potendolo imprigionare nella lampada, il management può solo dotarsi di un adeguato sistema informativo in grado di gestire il dinamismo ambientale.

Capitolo 2. Nel secondo capitolo vengono esaminate le tipicità funzionali e tecnologie del Sistema Informativo Aziendale. Tra gli elementi che costituiscono il sistema informativo aziendale vi è una componente tecnologica, costituita da un insieme di mezzi e strumenti utilizzati per supportare il processo informativo. Tale componente, che rappresenta un sottoinsieme del più ampio sistema informativo, è comunemente designato con l'espressione di sistema informatico

---

[1] "Viene definito Business Intelligence un insieme di strumenti e procedure che consentono all'azienda di trasformare i propri dati elementari di business in informazioni utili ed utilizzabili dai decision maker per creare valore per l'azienda stessa". Roberto Volpentesta, Senior Manager Deloitte Consulting. Fonte: Amministrazione & Finanza n°12/2001.

(paragrafo 2.1). Il sistema informatico ha subito nel corso degli anni un'evoluzione che viene trattata nel presente lavoro sia adottando un approccio di tipo storico (paragrafo 2.2) nei cambiamenti delle principali soluzioni tecnologiche (sotto il profilo *hardware* e *software*), sia su un piano di analisi logico organizzativo trattando le principali tipologie di sistemi ad integrazione di ciclo susseguitesi nel tempo ed in particolare gli ERP (paragrafo 2.3). I software ERP sono sistemi informativi operativi integrati per la gestione globale dell'impresa. Per quanto riguarda poi i sistemi informativi direzionali, nel corso degli ultimi anni, è stata proposta una varietà di strumenti piuttosto ampia, ma un ruolo di primo piano spetta certamente al Data Warehouse e agli strumenti di Business Intelligence (paragrafo 2.4).

Capitolo 3. Nel terzo capitolo tratteremo del controllo di gestione, presentando una disamina della dottrina in materia (paragrafo 3.2) che non vuole essere esaustiva ma strumentale al prosieguo della trattazione; definiremo il sistema di controllo di gestione come parte del più ampio *Management System* (paragrafo 3.3)*;* evidenzieremo i vantaggi più importanti prospettati dai sistemi ERP, legati alla possibilità di integrare l'intero sistema informativo aziendale, che costituisce il supporto essenziale alle decisioni sia di programmazione che di controllo di gestione (paragrafo 3.4). A tale proposito è opportuno sottolineare come un sistema integrato è in grado di produrre informazioni non duplicate e, di conseguenza, con molta più probabilità rispetto al passato, condivise, e disponibili in tempo reale: si tratta di caratteristiche di notevole rilievo nell'ottica dell'utilizzo delle informazioni per il controllo di gestione. L'adozione di un sistema ERP o di strumenti di BI non costituisce in se un vantaggio competitivo; quest'ultimo probabilmente rimane ancorato alle *"core competence"*, le quali sono percepite dallo stesso cliente quale fonte di vantaggio competitivo. Gli scenari più interessanti però si intravedono nelle *chances* che un sistema integrato o direzionale può concedere ad un'azienda che sfrutta l'occasione del progetto di implementazione per reingegnerizzare i propri processi e rivedere i rapporti con i propri *business partners*, siano essi clienti, fornitori, o in generale *stakeholders* variamente interessati alle sorti dell'azienda. In tali contesti, infatti, i sistemi ERP vanno ad interagire con tutta una serie di strumenti, dalla Business Intelligence alle tecniche *Olap* ed al *Datawarehousing*, ed a sfruttare le più recenti tecnologie Internet, aprendo ad un'azienda attenta a percepire i cambiamenti nel contesto competitivo molte opportunità. Dunque, fra i patrimoni non visibili a bilancio, in grado di condizionare la capacità di un'impresa di rispettare nel tempo il principio di economicità, si deve considerare il patrimonio dei sistemi informativi.

Capitolo 1: L'informazione ed il Sistema Informativo

1.1 Prime considerazioni: il bisogno di conoscenza ed il valore dell' informazione

A Delfo, ai piedi del Monte Parnaso, si ergeva un famoso tempio di Apollo, dove le sacerdotesse davano responsi tanto ambigui ed oscuri da essere spesso pericolosamente sviati. Ne fu vittima anche Filippo il Macedone, che, al tempo della sua spedizione persiana, ricevette questo oracolo: "La vittima designata, incoronata a morte, sta davanti all'altare". Egli ritenne si trattasse del re di Persia, ed invece si parlava di lui. I nostri "oracoli" moderni talvolta sanno essere altrettanto ambigui e svianti.

T.S. Eliot scrisse nel dramma La rocca: "Dov'è la conoscenza che abbiamo smarrito nell'informazione?"[2], a questa domanda un analista di dati potrebbe aggiungere: "Dov'è l'informazione che abbiamo perduto nei dati?". L'informazione non sempre si trasforma in conoscenza[3]. Ci sono molte ragioni per essere guardinghi circa la validità e l'interpretazione dei dati, ma il desiderio di conoscenza e quindi la necessità di informazione è antico quanto l'uomo e molti problemi, che dobbiamo affrontare oggi, hanno origine remota. Non siamo in grado di rispondere in modo esplicito ai quesiti enunciati, ma qualunque domanda ci si ponga sulla tecnologia dell'informazione si dovrebbe tener presente che la funzione che essa svolge non è una novità, bensì un fatto antico nella vita e nella società umana. Nel passato parecchie tecnologie hanno favorito varie modalità di informazione: la stampa ha favorito l'informazione scritta; il telefono e la radio hanno privilegiato l'informazione parlata; la fotografia e la televisione hanno agevolato l'informazione visiva. Oggi la tecnologia digitale

---

[2] L. Betti, *Poesie*, Guanda, Milano
[3] "Nell'epoca di Internet e dell'e-business, i dati, l'informazione e la conoscenza sono considerati elementi fondamentali di successo per le imprese. Ma non bisogna confondere i tre livelli. Raccogliere ed organizzare i dati non significa automaticamente generare delle informazioni, e anche una volta recepite le informazioni non si trasformano automaticamente in conoscenza." Shinynews.it, *Business Intelligence:conosciamola meglio*, in Business Online, maggio 2006

consente il reperimento, la trasmissione, l'archiviazione e l'elaborazione di dati che diventano informazione.

Per quanto potenti le tecnologie dell'informazione non sono altro che strumenti nelle mani dell'uomo[4]: se usati in modo corretto possono essere molto utili a soddisfare il bisogno di conoscenza, un loro uso scorretto può per contro produrre effetti dannosi. Per avvalersene nel migliore dei modi bisogna comprenderne il valore e conoscerne il giusto uso.

Oggigiorno il fabbisogno di informazioni per dirigere un'azienda è cresciuto rapidamente per effetto di fenomeni che si collocano all'esterno ed all'interno della stessa. I primi sono rappresentati dall'intenso e frequente mutamento di valori e situazioni ambientali, che ha interessato non solo il sistema economico ma anche il contesto sociale, culturale e politico. I secondi, invece, sono costituiti dall'adozione sempre più diffusa di metodi e strumenti avanzati di direzione[5].

L'attuazione del processo di direzione comporta un flusso continuo e coordinato di informazioni, che devono essere raccolte, elaborate ed inviate a tutti coloro che operano all'interno della struttura organizzativa. A questa circolazione interna delle informazioni, si aggiunge uno scambio interessante di notizie tra l'impresa e l'ambiente. L'impresa, in quanto istituto finalizzato alla produzione economica[6], è chiamata ad interagire in continuazione con l'ambiente dal quale trae le risorse necessarie allo svolgimento della sua attività ed al quale convoglia i risultati ottenuti da quest'ultima. Consegue che l'impresa nel costruire e gestire il suo dinamico equilibrio con l'ambiente, dal quale dipende la sua sopravvivenza, il suo sviluppo nel tempo e la sua legittimazione sociale ad

---

[4] "Oggi il progresso tecnico tende incessantemente a sviluppare strumenti di elaborazione e di trasmissione delle informazioni che hanno l'effetto di incrementare la produttività del lavoro mentale, piuttosto che il rendimento dell'attività muscolare; perciò nella misura in cui l'attività mentale dell'uomo è rilevante rispetto alla sua attività fisica, i mutamenti che saranno prodotti dal diffondersi dei nuovi strumenti saranno rilevanti rispetto ai mutamenti determinati dal progresso svoltosi in passato." P. Saraceno, *Irripetibilità dei modelli di sviluppo*, in Economia e direzione dell'impresa industriale, ISEDI, Milano, 1978

[5] "I processi direzionali volti a determinare e a regolamentare il comportamento del sistema di impresa sono sempre più qualificati da un'impostazione scientifica, dall'impiego di raffinate tecniche e dall'utilizzazione di sofisticati strumenti di calcolo, di elaborazione e di trasmissione delle informazioni" C. Caramiello, *L'indagine prospettiva nel campo aziendale*, Cursi, Pisa, 1965

[6] La funzione strumentale dell'impresa consiste nel produrre beni economici atti al soddisfacimento dei bisogni umani. G. Ferrero, *Istituzioni di economia d'azienda*, Giuffrè, Milano, 1968

esistere, deve preoccuparsi di instaurare, mantenere e sviluppare costruttive relazioni con i differenti portatori di interesse (*stakeholder*)[7]. Inoltre, un vivace dinamismo ambientale comporta gradi più elevati di incertezza ed imprevedibilità nel governo del sistema di impresa e maggiori necessità di conoscenza: più il contesto economico sociale appare caratterizzato da fenomeni in rapida evoluzione, che richiedono subitanei e profondi cambiamenti dei comportamenti di gestione, più rilevanti divengono le esigenze informative per un'efficace azione direzionale.

Il problema di raccogliere, elaborare e fare circolare le informazioni riveste, dunque, un ruolo critico soprattutto nell'organizzazione di grandi complessi produttivi. In questi, difatti, non solo si amplia il volume di informazioni necessarie ma si allungano anche i circuiti di comunicazione, aumentano i punti di interconnessione nell'integrazione dei vari flussi di dati, si complicano le modalità di elaborazione e diffusione della documentazione. Il successo di un'organizzazione dipende dai dati raccolti e dall'informazione prodotta e la qualità delle decisioni manageriali dipende dalla qualità dell'informazione e del sistema informativo di cui si dispone, oltre che dalla qualità dei manager[8]; ecco perché il processo produttivo delle informazioni assume un ruolo chiave.

Affinché i dati diventino di supporto effettivo alle decisioni aziendali, il passaggio fondamentale è concentrare le informazioni raccolte nei *database*[9] in

---

[7] "La direzione di impresa in vista di perseguire i suoi obiettivi di sopravvivenza, di profitto e di sviluppo dimensionale, si adopera a sottrarre, quanto più è possibile, la gestione alle influenze ambientali; all'uopo risponde alle sfide lanciate dai gruppi esterni (clienti, fornitori, sindacati, ecc.) con una serie di strategie volte ad adattare la gestione al dinamismo dell'ambiente e ad aumentare il suo potere di influenza nei confronti di quest'ultimo per poterlo condizionare e modificare in guisa da conseguire più facilmente e più convenientemente gli obiettivi prestabiliti." G. Zanda, *Direzione per obiettivi e razionalizzazione del governo di impresa*, in saggi di Ragioneria e di Economia Aziendale, Cedam, Padova, 1987
[8] "Il dirigente dalle facili e pronte intuizioni è ormai obsoleto: il mutamento ambientale e l'odierna situazione competitiva tendono a portare nelle posizioni di responsabilità i manager dotati di conoscenze specialistiche e che sono in grado di affrontare in modo sistematico e scientifico sia i problemi direzionali, sia quelli operativi". P. Onida, *Economia d'azienda*, Utet, Torino, 1968
[9] "Il volume dei dati in possesso di una società raddoppia circa ogni anno e la loro mole diventa sempre più difficile da gestire. Ma i dati, di per sé, non esplicitano le informazioni, pur contenendole, ne tanto meno la conoscenza. Fondamentalmente un database ha come obiettivo la raccolta dei dati per gestire il business, con caratteristiche fortemente operative, su una base di transizioni di solito giornaliera e con dati che possono essere modificati nel tempo. Un database, insomma, raccoglie i dati pensando alla quotidianità, all'aspetto di raccolta. I dati possono essere riguardanti uno stesso argomento oppure

un *datawarehouse*[10], un "magazzino di dati aziendali" ed una volta costruito i *datawarehouse* la miriade di dati accumulati vengono analizzati, per estrarne valide indicazioni per lo sviluppo del business, la riduzione di costi e l'incremento di ricavi, mediante quell'insieme di processi e tecnologie che prende nome di *Business Intelligence*[11].

A rendere più dinamico l'ambiente esterno e più laborioso e rischioso il governo dell'impresa concorre l'azione della concorrenza in un mercato globale.

L' Assinform, l'Associazione nazionale produttori di contenuti, tecnologie e servizi per l'informazione e la comunicazione, presenta ogni anno un rapporto sull'andamento del mercato dell'informatica e delle telecomunicazioni. Dopo tre anni recessivi, il mercato mondiale dell' *Information Tecnology* dal 2004 è finalmente in crescita. Analizzato nel dettaglio però il risultato aggregato presenta grandi differenze nelle diverse aree geografiche. Mentre nel Nord America e in Asia (in particolare Giappone e India) si rilevano dati di ripresa, in Europa la spesa IT cala e le TLC crescono in misura irrilevante. In Italia è il mercato dell'informatica a subire un calo, mentre il fatturato delle telecomunicazioni cresce, soprattutto grazie all'espansione della telefonia mobile[12].

Si rileva una forte correlazione tra l'andamento della spesa in *Information Tecnology* ed il Pil dei diversi paesi: segno dell'efficacia degli investimenti in innovazione, che in alcune realtà estere hanno determinato i presupposti per reagire in maniera rapida ed efficace alla crisi degli anni precedenti. Gli Stati Uniti per esempio sono in una nuova fase di crescita, e sono proprio gli

---

possono riguardare più argomenti correlati tra loro in qualche modo." Shinynews.it, *Business Intelligence:conosciamola meglio*, in Business Online, maggio 2006

[10] "Il datawarehouse è una sorta di grande database decisionale, orientato cioè a trovare e consentire l'analisi delle informazioni implicite nei dati. Per questo motivo i suoi dati non sono volatili, ma fissi, storici. Altra caratteristica fondamentale del datawarehuse è la consistenza: i dati provenienti dai vari database quando passano nel dataware house diventano uniformi alla lettura e organizzati non più necessariamente per argomento, ma per obiettivo." Shinynews.it, *Business Intelligence:conosciamola meglio*, in Business Online, maggio 2006

[11] L'argomento verrà più volte ripreso e argomentato nei capitoli che seguono essendo il fulcro della nostra trattazione. Tuttavia, cominciamo a definire la BI come l'insieme dei processi decisionali completi e delle applicazioni-sistemi tecnologici, in grado di trasformare quelli che sono ancora e solo dati in informazioni utili e di generare conoscenza per i business decision maker.

[12] Fonte: Nuovi studi Assinform, Politecnico di Milano Customer Management Forum

investimenti degli anni scorsi a costituire il fattore abilitante di questa ripresa; il medesimo presupposto ha consentito al Giappone di entrare in una fase di espansione, dopo un periodo recessivo. La Spagna ha raggiunto ottimi risultati, grazie ad un piano strategico di investimenti. L'Italia è il paese europeo che ha maggiormente contratto gli investimenti in IT con un il Pil rimasto pressoché stazionario. D'altra parte, il rallentamento dell'economia rende ancor più prudenti le molte piccole e medie imprese, tipicamente contraddistinte da crescite più graduali e dalla tendenza a contenere gli investimenti in informatica

L'*Information Technology* costituisce, dunque, un'opportunità di crescita per tutti i paesi dell'Europa, poiché strumentale alla riduzione del gap economico con i paesi più informatizzati.

Entriamo nel dettaglio della situazione italiana.

La *Spring Briefing Session* 2006[13] di *IDC Southern Europe*[14] ha delineato l'evoluzione del mercato ICT nell'ultimo ventennio, l'andamento del settore nel 2005 e i trend per il 2006. Il mercato dell'*Information e Communication Tecnology*, sta crescendo in Italia del del 2,1% rispetto al 2005 e dovrebbe raggiungere nell'arco del 2006 un valore complessivo di 22,3 miliardi di euro. Tale crescita è anche da ricollegare a quella del PIL (+1,3% rispetto allo 0,1% del 2005), a dimostrazione della già citata stretta correlazione tra il mercato IT ed il settore economico. Tra il 2005 ed il 2008 la spesa in *Information Tecnology* in Italia registrerà un incremento medio annuo del 2,4%, posizionando l'Italia come fanalino di coda tra i paesi Europei[15].

Il mercato dei software risulta in crescita[16]; la crescita deriva prevalentemente dalla stabilità dei prezzi di mercato, dal lancio di nuovi strumenti di integrazione,

---

[13] Si tratta di una conferenza che rappresenta l'appuntamento annuale di riferimento in Italia per orientare le scelte degli operatori dell'industria ICT, quest'anno si è tenuta il 9 maggio a Milano.
[14] E' la principale società analista IT a livello internazionale.
[15] M. Tansini, *Il mercato IT si avvia ad un nuovo ciclo di crescita in Italia secondo IDC*, in Business Online, giugno 2006
[16] "Il segmento del software sarà quello che crescerà di più con un incremento medio annuo del +5,2% contro il +2,1% del comparto hardware ed il +1,6% dei servizi". Redazione BusinessOnline, *Il mercato IT in Italia*, in Business Online, maggio 2006

dall'*upgrade* di applicativi integrati (Erp – *Enterprise Resource Planning*) nonché dagli investimenti in nuovi progetti: le aree più interessate da nuovi investimenti sono la sicurezza, il Crm – *Customer Relationship Management* e la *Business Intelligence*[17].Per quanto riguarda gli hardware il segno negativo è dovuto principalmente al calo dei prezzi, che nel caso dei Pc ha annullato gli effetti dell'espansione dei volumi venduti. Alla ripresa dei volumi di vendita ha contribuito solo la domanda delle imprese, caratterizzate da un aumento del numero dei lavoratori mobili e degli utilizzatori degli strumenti informatici in azienda[18].

Assinform rileva che segnali deboli ma positivi si sono rilevati a partire dal 2003: il mercato dell' *Information Tecnology* è cresciuto in maniera più consistente, ben 200.000 imprese si sono informatizzate nell'anno e sempre più utenti hanno scelto la banda larga (a fine 2003 erano circa 2.250.000, di cui 687.000 abbonati nell'ultimo trimestre); inoltre, sul mercato si affacciano nuove soluzioni innovative che potrebbero far decollare nuovi mercati. Sono segnali concreti, che si possono interpretare come il punto di partenza di un rilancio, a condizione che imprese, individui, istituzioni ed enti governativi percepiscano l'innovazione quale strumento imprescindibile per la competitività[19].

---

[17] "In Italia esiste un'area che copre più del 20% del totale del mercato IT, che cresce in misura consistente nonostante il trend negativo del settore rispetto al resto dell'Europa. I segmenti di mercato best performer registreranno una crescita media annua tra il 2005 ed il 2010 superiore al 10% mentre il resto del mercato IT crescerà dello 0,4%. Tra i segmenti che tra il 2005 ed il 2010 faranno raggiungere al mercato IT un tasso di crescita medio annuo del 2,8% IDC cita i sistemi, i software, i servizi di business performance management, quelli ASP, quelli per la sicurezza e, anche se in minor misura, gli application server ed il CRM". M. Tansini, *Il mercato IT si avvia ad un nuovo ciclo di crescita in Italia secondo IDC*, in Business Online, giugno 2006

[18] S. Tartaglia, *Il valore dell'innovazione per la competitività delle imprese*, in Insight, Business Objects Italia, Estate 2004

[19] Fonte: Nuovi studi Assinform, Politecnico di Milano Customer Management Forum

1.2 Il Sistema Informativo Aziendale: la produzione delle informazioni

Alla luce delle considerazioni svolte nel paragrafo precedente possiamo asserire che affinché un'impresa venga amministrata con consapevolezza e piena conoscenza dei fatti, necessita di un sistema informativo. Nell'espletare la propria attività, il manager abbisogna di una serie cospicua di informazioni, sia interne che esterne all'azienda in cui opera e, pertanto, seppur restio storicamente al ricorrere ai supporti informatici, ha dovuto sempre più accettare l'influenza dell'informatica a supporto del ruolo informativo che egli gioca in seno all'impresa che dirige[20].

La moderna economia industriale sembra regolata da un genio che si diverte a rendere complesso il governo delle imprese e, non potendolo imprigionare nella lampada, il *management* può solo dotarsi di un adeguato sistema informativo in grado di gestire il dinamismo ambientale.

Argomentare sul ruolo dei sistemi informativi e trattarne le caratteristiche, ci consentirà di trattare poi con specificità il tema in oggetto.

Il sistema informativo è l'insieme dei flussi di informazioni, che si generano con varie metodologie partendo da dati grezzi, destinati a supportare il sistema delle decisioni in azienda ed a soddisfare le esigenze di informazioni di terze economie in rapporto con l'azienda stessa[21]. Un sistema informativo, per dirsi tale, deve essere costituito da elementi interrelati che interagiscono al fine di raggiungere uno scopo, questi stessi elementi che lo compongono devono cooperare al fine di produrre informazioni significative e a loro volta le informazioni prodotte vanno a supportare le attività di tutti i soggetti che operano all'interno dell'impresa; la fonte dei dati è rappresentata è sia dall'ambiente interno, che da quello esterno all'impresa (tabella 1.1).

---

[20] H. Mintzberg, *The nature of managerial work*, Harper & Row, New York, 1973
[21] F. Culasso, *Information Tecnology e Controllo di Strategico*, Giuffrè, Milano, 2004

Tabella 1.1: Il Sistema Informativo - definizione

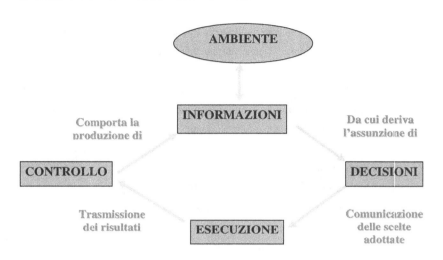

L'aspetto informativo e quello decisionale sono in connessione permanente; l'informazione[22] è un elemento determinante ai fini del conseguimento di una decisione ponderata e razionale[23].

Gli elementi costitutivi del s.i.a. sono[24]:

> ➤ un patrimonio di dati[25], input del processo di trasformazione;

---

[22] "L'informazione deve essere intesa non come qualsiasi notizia o dato acquisito in via mediata o immediata, ma come una nuova conoscenza ottenuta mediante comunicazione o ricercata attraverso un processo diretto di osservazione. In altri termini non tutti i dati comunicati o acquisiti costituiscono informazione ma divengono tali solo quelli, tra di essi, che accrescono il patrimonio di conoscenza di chi li riceve o li ricerca." S. Sciarelli, *Economia e gestione dell'impresa,* Cedam, Padova, 1999

[23] "Ogni soggetto - a qualunque livello operi nell'impresa - necessita di input di natura informativa per poter scegliere il comportamento più adeguato tra le possibili alternative del proprio processo decisionale". A. Rugiadini, *I sistemi informativi d'impresa*, Giuffrè, Milano, 1970

[24] P. F. Camussone, *Informatica, Organizzazione e Strategia,* Mc Graw Hill, Milano, 2000

[25] Con il termine «dati» si deve intendere l'insieme dei fatti che rappresentano gli eventi relativi ad un'azienda o al sistema ambiente che la circonda prima che essi vengano organizzati in una forma intelligibile ed utilizzabile per scopi conoscitivi. "Il dato è il valore informativo grezzo, che deve essere ancora elaborato e trasformato in output utile per i vari centri decisionali". F. Culasso, *Information Tecnology e Controllo di Strategico*, Giuffrè, Milano, 2004

> un insieme di norme regole e procedure organizzative ed informatiche, che formano un nucleo operativo per l'acquisizione ed il trattamento dei dati;

> un'infrastruttura tecnologica, mezzi e strumenti che intervengono a supporto dei processi di raccolta, conservazione, trasferimento, elaborazione, recupero, distribuzione e presentazione dei dati e delle informazioni[26];

> risorse umane, responsabili della realizzazione e gestione delle procedure, del governo e della conservazione del patrimonio di dati e dell'impiego dei mezzi, e addette alla gestione del sistema, cioè progettazione, realizzazione e manutenzione;

> un insieme di principi generali, di valori e di idee di fondo, che caratterizzano la cultura aziendale[27] e orientano il sistema, condizionandone i comportamenti.

Dunque, il collante che in azienda lega dati, regole, attività e processi è sicuramente il Sistema Informativo Aziendale. Esso assolve egregiamente il compito affidatogli e raggiunge il massimo della propria efficacia quando fornisce le informazioni appropriate alle persone giuste, nel momento giusto[28].

---

[26] Con il termine «informazione» si deve intendere "un insieme dei dati elaborati per poter essere utilizzati dal processo decisionale aziendale" per scopi conoscitivi differenti. Il dato è l'unità elementare dell'informazione e deve essere oggetto di processi elaborativi o aggregativi per poter essere sfruttato nel processo decisionale. S. Sciarelli, *Economia e gestione dell'impresa,* Cedam, Padova, 1999
[27] Si caratterizza per quell'intreccio unico e irripetibile di norme, convinzioni, riti, valori, esperienze diffuse e condivise in tutta l'organizzazione. La cultura aziendale determina la vision, la mission e i valori dell'azienda. Si veda: A. Sinatra, *Strategia e politica aziendale,* Utet, Torino, 2001
[28] "Avete mai provato a visitare una azienda di successo? Avete notato nell'aria quel qualcosa che aleggia e che rende ottimisti e pieni di idee tutti coloro che ci lavorano? Tranquillizzatevi, non dipende certamente da qualche sostanza misteriosa aggiunta nel distributore del caffè. Il merito è soltanto del sistema informativo aziendale". R. Cristallo, *Ogni Sistema informativo in azienda può diventare una miniera d'oro,* in Business Online, dicembre 2005

Tabella 1.2: Il Sistema Informativo - elementi costitutivi

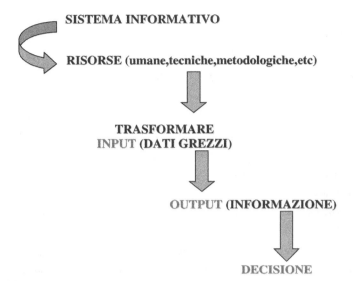

La semplice schematizzazione del processo presentata, in realtà, racchiude numerose attività, raggruppabili in tre fasi:

I. *Rilevazione* - Raccolta dei dati

- scelta dei fenomeni da osservare;
- determinazione qualitativa e quantitativa di tali fenomeni;
- selezione dei dati in relazione al loro contenuto informativo;

II. *Elaborazione* - Trasformazione dei dati in informazioni

- classificazione e aggregazione dei dati in conformità ad elementi omogenei (campo di riferimento ambiente generale, specifico o l'impresa stessa; periodo di riferimento storici, attuali o prospettici; periodicità di rilevazione ricorrenti o non; fonte di raccolta interni o esterni);

- elaborazione dei dati grezzi e depurazione dei contenuti informativi che non interessano l'impresa, al fine di ottenere informazioni utilizzabili a supporto dei diversi livelli decisionali;
- rappresentazione dei dati finalizzata alla loro comunicazione;

III. *Comunicazione* - Trasmissione delle informazioni

- invio dei dati nello spazio (tra persone e tra persone e strumenti) e nel tempo (archiviazione e memorizzazione);
- interpretazione dei dati, vale a dire analisi critica della loro capacità segnaletica;
- passaggio delle conoscenze dagli organi addetti all'elaborazione dei dati ai centri decisionali interessati al loro utilizzo.

Il sistema informativo richiede poi anche un'attività di feed-back, cioè la distribuzione di opportuni output indirizzati a specifici organi dell'organizzazione per aiutarli a valutare o a correggere gli input.

Tabella 1.3: Il Sistema Informativo e l'ambiente

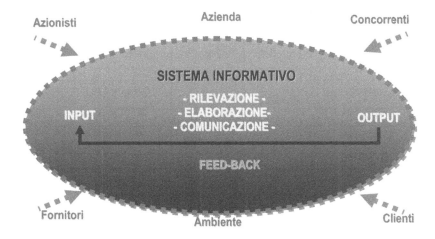

Ogni informazione deve possedere un contenuto utile per il suo destinatario, deve essere comunicata in tempo utile al suo destinatario, deve essere comunicata nel luogo in cui sarà utilizzata e deve essere comunicata secondo un'opportuna rappresentazione. Il flusso informativo assume, dunque, un carattere circolare; in ogni organizzazione si ha infatti un ciclo continuo nel quale dall'informazione si passa alla decisione; dalla decisione, attraverso la comunicazione delle scelte adottate, all'esecuzione; dall'esecuzione, mediante la trasmissione dei risultati, al controllo; dal controllo all'assunzione di altre decisioni[29].

Come sinteticamente presentato nella tabella 1.4, le informazioni aziendali si possono suddividere, in base alle caratteristiche e ai diversi livelli organizzativi cui sono destinate, in:

- Informazioni per il controllo operativo[30]
- Informazioni per il controllo gestionale (o direzionale)
- Informazioni per la pianificazione strategica

Tabella 1.4: Le informazioni aziendali - classificazione

	Dettaglio	*Volumi*	*Frequenza*	*Fonte*
Pianificazione Strategia	**Sintetiche**	**Bassi**	**Episodica e bassa**	**Esterna ed interna**
Controllo Gestionale	**Sintetiche**	**Medio bassi**	**Periodica e prefissata**	**In prevalenza interna**
Controllo Operativo	**Analitiche**	**Medio alti**	**Periodica e continua**	**Interna**

---

[29] V. March e Simon, *Teoria dell'organizzazione*, Utet, Torino, 2000

[30] Secondo un'accettata classificazione le informazioni generate e gestite dal sistema informativo operativo, quindi le informazioni operative, possono essere di tre tipologie: anagrafiche, di transazione, per la pianificazione e la programmazione delle operazioni. G. Bracchi, C. Francalanci, G. Motta, *Sistemi informativi e aziende in rete*, Mc Graw Hill, Milano, 2001

Le base dati o *database*[31] vengono alimentati dal sistema informativo di supporto operativo e contengono, pertanto, informazioni anagrafiche, registrazioni sulle transazioni, informazioni relative a piani e programmi operativi.

In funzione ai differenti livelli organizzativi si effettua una scomposizione del sistema informativo in sottosistemi informativi[32]:

⦁ per la pianificazione strategica[33], offrono supporto all'alta direzione (senior manager) per le attività decisionali e strategiche;

⦁ per il controllo gestionale (direzionale), offrono un supporto informativo alle attività di controllo direzionale attraverso gli strumenti di *budgeting* e *reporting*;

⦁ operativo[34], volto a supportare lo svolgimento di attività esecutive che si connotano per la loro ripetitività ed elevata strutturabilità.

Inoltre, in relazione alle differenti funzioni aziendali di applicazione si effettua una scomposizione del sistema informativo in sottosistemi informativi funzionali:

⦁ per il marketing, forniscono gli strumenti informativi relativi all'ambiente esterno, ai fattori di marketing ed alle aree funzionali correlate, al fine di individuare le opportunità offerte dal mercato e

---

[31] "Un database ha come obiettivo la raccolta dei dati per gestire il business, con caratteristiche fortemente operative, su una base di transizioni di solito giornaliera e con dati che possono essere modificati nel tempo. Un database, insomma, raccoglie i dati pensando alla quotidianità, all'aspetto di raccolta. I dati possono essere riguardanti uno stesso argomento oppure possono riguardare più argomenti correlati tra loro in qualche modo." Shinynews.it, *Business Intelligence:conosciamola meglio*, in Business Online, maggio 2006

[32] Tale distinzione operata dalla dottrina è utile per comprendere al meglio le caratteristiche e le funzionalità delle due classi di strumenti aziendali che andremo a trattare: gli *ERP*, cioè sistemi informativi operativi integrati, e i *Datawarehousing* con le applicazioni di *Business Inteligence*.

[33] Si tratta di un fondamentale strumento facilitante che non può però sostituirsi alla cosiddetta "gestione organizzata" di un'azienda ovvero al suo management. "...nell'amministrazione economica d'azienda torna utile distinguere tre fondamentali momenti: l'*organizzazione*, la *gestione*, la ricerca delle conoscenze attinenti alla vita dell'azienda, ottenibile mediante gli strumenti della *rilevazione quantitativa*, contabile o statistica. Il terzo momento ha rapporto con le ricerche e le determinazioni preventive o consuntive intese a fornire conoscenze utili per la conveniente gestione ed organizzazione dell'azienda". P. Onida, *Economia d'azienda – Libro I*, Utet, Torino, 1965

[34] Come si vedrà nel seguito della trattazione, il SIO è destinato a rilevare i dati che quotidianamente si producono in azienda nell'espletamento delle attività di routine o transazioni interne ed esterne (verso clienti, fornitori, ...).

guidare le azioni rivolte a massimizzare lo sfruttamento di tali opportunità;

- per la produzione e logistica, forniscono informazioni relative a approvvigionamento delle risorse, organizzazione tecnica della produzione, programmazione dell'attività produttiva, impianti utilizzati, materie prime impiegate, risorse umane attivate, prodotti ottenuti, modalità di effettuazione dei processi produttivi;

- per la ricerca e sviluppo a carattere esplorativo (ricerca di base) e a carattere intensivo (ricerca applicata);

- per la finanza, a supporto delle attività di reperimento e gestione dei mezzi di finanziamento, della gestione finanziaria degli investimenti aziendali, della pianificazione, programmazione e del relativo controllo di tutti i movimenti finanziari e monetari della gestione aziendale;

- per l'organizzazione ed amministrazione del personale, a supporto delle attività aventi per oggetto la definizione e le modifiche della struttura organizzativa;

- per l'amministrazione, producono informazioni, principalmente quantitative per assolvere i compiti di comunicazione all'esterno dell'impresa, per gestire i rapporti con gli stakeholders ed all'interno dell'impresa, per supportare l'attività gestionale e decisionale del management

- per la pianificazione, programmazione e controllo, i sistemi informativi sviluppano informazioni quantitative per analizzare l'ambiente esterno e la realtà aziendale interna al fine di ricercare le opportunità, che consentono di elaborare il piano strategico a lungo periodo e i budget di breve termine, e predispongono le informazioni necessarie allo svolgimento delle attività di controllo al fine di individuare le anomalie che si verificano nella gestione aziendale e di predisporne gli strumenti per porvi rimedio.

Tabella 1.5: I sottosistemi informativi

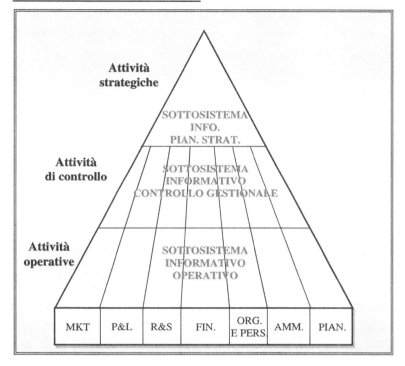

Pregio della scomposizione del sistema informativo in livelli decisionali e in sottosistemi informativi è che, essendo le funzioni aziendali costituite per lo svolgimento di categorie di attività differenti e presentando poche interconnessioni, le stesse sono analizzabili separatamente, considerano i sottosistemi come unità autonome.

Inoltre, mentre gli obiettivi strategici devono essere comunicati dai livelli gerarchici più alti a quelli operativi, ed il flusso informativo procede secondo l'approccio top-down, i risultati ottenuti devono essere trasmessi dai livelli operativi verso il vertice, quindi, il flusso informativo procede all'inverso secondo l'approccio bottom-up.

Tuttavia, la sopra presentata scomposizione presenta dei limiti, poiché in un'impresa sono molteplici i flussi informativi in relazione alle diverse aree funzionali ed ai diversi livelli decisionali. In particolare:

> vi può essere incapacità di gestire in maniera flessibile le eccezioni a cui un sistema dinamico può dare origine;

> le eccezioni vengono rinviate al vertice e gestite con l'approccio top-down con conseguente sovraccarico decisionale al top management relativo a problemi di livello operativo;

> le informazioni di stessa natura o destinazione sono spesso disperse fra le diverse unità organizzative (es. inserimenti multipli di uno stesso dato);

> infine, trattandosi di sistemi informativi "settoriali", tutte le attività che attraversano orizzontalmente i confini funzionali non rientrano nel loro ambito.

Parere di chi scrive è che i sottosistemi richiedono un' integrazione tecnica e di contenuti, al fine di perseguire la massima efficienza di funzionamento del processo informativo, indipendentemente dai mezzi tecnici utilizzati, e l'efficacia nel soddisfacimento delle esigenze di informazione dei centri di decisione, sul presupposto di una strutturazione dei flussi informativi e dei processi di comunicazione per i quali si presenti un grado di coerenza il più ampio possibile. In tal modo, si alleggerisce il carico decisionale spettante al vertice rendendo disponibili a tali unità le informazioni necessarie alla gestione delle eccezioni. Le conseguenze della precedente asserzione sono:

• appiattimento della struttura gerarchica;

• creazione di gruppi di lavoro interfunzionali;

• allargamento delle mansioni attribuite alle singole posizioni;

• delega della responsabilizzazione decisionale ai livelli gerarchicamente inferiori.

22

Dunque, i flussi informativi vanno integrati fra di loro in un sistema organico, concepito ed amministrato per ottimizzare il patrimonio informativo aziendale. Se l'azienda funziona come un sistema finalizzato di tipo aperto[35], ciò dipende in buona misura dalla validità del processo informativo. E' l'informazione, infatti, l'agente essenziale di collegamento tra le parti che compongono il sistema aziendale; non si ha sistema aziendale senza sistema informativo e non si ha sistema aziendale efficiente senza un sistema informativo adeguato[36].

---

[35] Prendendo avvio dagli studi di Zappa l'Economia Aziendale pone in essere un'analisi sistemica dell'azienda. "Tutti i fenomeni aziendali, anzi, e non alcuni solo fra essi , si rivelano ad attenta osservazione come costituiti in un'unica coordinazione di azioni economiche, volte ad un determinato intento. Forse tale nozione non si può raffigurare più vivamente che ricorrendo al concetto di sistema anche per designare il complesso aziendale, uno pur nella diversa molteplicità". G. Zappa, *Il reddito di impresa*, Milano, 1937

[36] S. Sciarelli, *Economia e Gestione dell'impresa*, Cedam, Padova, 1999

1.3 I Sottosistemi Informativi Operativo e Direzionale. L'impiego delle tecnologie informatiche in ambito aziendale: fasi evolutive

I sistemi di supporto operativo hanno come funzione principale quella di rilevare i dati che attengono all'area operativa aziendale, ovvero alle sue attività primarie, quotidiane e di routine, allo scopo di produrre informazioni e di creare conoscenza, alimentando e consultando la base di dati[37] che permanentemente viene gestita dal sistema.

Le informazioni operative possono essere di tre tipologie differenti[38]:

a) informazioni anagrafiche; tali informazioni descrivono le proprietà degli oggetti (prodotti, macchinari, progetti e materiali) e dei soggetti (clienti, fornitori, ecc.) del sistema. Ad esempio, sono informazioni anagrafiche quelle che descrivono le proprietà di un dato cliente dell'impresa, quali la denominazione sociale, la partita iva, le coordinate bancarie, il grado di rischio, ecc.;

b) informazioni di transazione; tali informazioni descrivono in generale le proprietà e gli attributi di una qualunque transazione, ovvero di uno scambio di beni, servizi o elementi intangibili (conoscenza) fra due unità economiche distinte (due aziende diverse), fra unità distinte di una stessa azienda, fra individui;

c) informazioni per la pianificazione delle operazioni; tali informazioni descrivono le proprietà di un piano (di lungo periodo) o di un programma (di breve periodo) delle operazioni da svolgere in azienda. Ad esempio, nelle aziende industriali sono presenti procedure di programmazione, aventi la finalità di fissare obiettivi e istruzioni di lavoro per la programmazione della produzione, con la quale si indica per ciascun prodotto aziendale, la quantità giornaliera da

---

[37] "Un magazzino dati, datawarehouse, contiene tutte le informazioni passate di un'azienda, immagazzinate in un database disegnato per favorire efficienti analisi dei dati e reporting dei dati. I datawarehouse solitamente conservano grandi quantità di informazioni che vengono talvolta suddivise in unità logiche più piccole, chiamate Dependent Data Mart." S. Brunozzi, *Business Intelligence: strumenti e software utilizzabili*, in Business Online, luglio 2006

[38] G. Bracchi, C. Francalanci, G. Motta, *Sistemi informativi e aziende in rete*, Mc Graw Hill, Milano, 2001

produrre, le macchine da utilizzare, le risorse da consumare e le procedure da svolgere.

Il sistema informativo operativo gestisce tutte e tre le tipologie di informazioni, in quanto[39]:

+ elabora le informazioni relative alle transazioni, rilevando in modo automatizzato tutti i dati che caratterizzano un qualunque scambio;

+ supporta il ciclo di programmazione e controllo delle operazioni aziendali, specificando le azioni da compiere nel brevissimo periodo attraverso opportune guide operative (si tratta del cosiddetto controllo operativo);

+ nello svolgere le due attività di cui sopra, crea, consulta ed aggiorna le anagrafiche aziendali, ed in generale acquisisce ed organizza la conoscenza in base dati.

Il sistema informativo direzionale supporta le attività svolte dal management dell'azienda, ovvero le attività direzionali:

+ definizione degli obiettivi (di lungo, medio e breve periodo) da perseguire da parte di ciascun centro di responsabilità;

+ controllo dell'effettivo raggiungimento degli obiettivi stessi;

+ interventi correttivi sulle azioni o sugli obiettivi definiti.

I sistemi direzionali hanno pertanto la finalità specifica di informatizzare[40]:

+ la fase inerente alla presa di decisioni in azienda (di breve, medio e lungo periodo)

+ la fase gestionale del controllo basato su opportuni strumenti, quali il sistema dei budget e dei report.

I sistemi informativi hanno vissuto fasi evolutive nel tempo in funzione alle finalità ed ai ruoli che le imprese hanno voluto attribuirgli ed in funzione al progresso delle tecnologie dell'informazione. All'inizio degli anni '60 il sistema

---

[39] F. Culasso, *Information Tecnology e Controllo di Strategico*, Giuffrè, Milano, 2004

[40] Il sistema direzionale si divide in : *Strategic Planning* (pianificazione strategica), cioè definizione di obiettivi e piani strategici per il perseguimento degli stessi e *Management Control* (controllo di gestione), cioè traduzione degli obiettivi strategici in obiettivi di breve periodo economico finanziari e verifica del grado di raggiungimento. R. N. Anthony, *Planning and Control System*, Harvard Business School Press, Boston, 1965

direzionale era volto alla predisposizione di un reporting[41] derivato dalla contabilità generale (conto economico consuntivo e rendiconto finanziario) e della contabilità analitica. Successivamente (anni '70) il sistema direzionale ha affiancato a reporting esclusivamente di tipo contabile sistemi di natura extracontabile, volti alla misurazione di tutti i fattori critici per il successo di una azienda, sia di natura monetaria sia di natura quantitativo fisica e qualitativa. In un terzo momento (fine anni '70) il sistema direzionale acquisisce un orientamento anche al supporto delle decisioni di tipo direzionale, sviluppando i cosiddetti sistemi di supporto alle decisioni (DDS - *Decision Suppport Systems*). Infine, (inizio anni '80) il sistema direzionale si è aperto a tecnologie di simulazione e di intelligenza artificiale, sviluppando i cosiddetti sistemi esperti.

Gli stadi evolutivi dell'Information Technology, che in ambito aziendale hanno originato differenti tipologie di sistemi informativi, sono sintetizzabili nei seguenti[42]:

1. i sistemi di elaborazione dati (*Electronic Data Processing System* –EDP);
2. i sistemi informativi direzionali (*Management Information System* –MIS);
3. i sistemi di supporto alle decisioni (*Decision Support System* –DSS);
4. i sistemi *legacy*;
5. i sistemi ad integrazione di ciclo;
6. i sistemi per la pianificazione delle risorse aziendali (*Enterprise Resource Planning* - ERP)[43].

1. I sistemi di elaborazione dati (Electronic Data Processing System – EDP)

L'impiego delle tecnologie informatiche in ambito aziendale ha origine dalla seconda metà degli anni Cinquanta, ma è solo agli inizi degli anni Sessanta che si diffonde largamente nelle imprese, grazie all'evoluzione di elaboratori elettronici

---

[41] "L'area del reporting di natura contabile ed extra-contabile è destinata a supportare attività direzionali di controllo ed è indicata anche per aiutare i managers a prendere decisioni di tipo strutturato e routinarie, per le quali l'organizzazione ha sviluppato procedure standard di approccio". F. Favotto, *I supporti informatici per le decisioni*, Clueb, Bologna, 1988

[42] S. Brunozzi, *Business Intelligence: strumenti e software utilizzabili*, in Business Online, luglio 2006

[43] Saranno trattati nel corso del lavoro in maniera approfondita.

(hardware) e di programmi (software) in grado di gestire problematiche sempre più complesse.

I primi esempi di utilizzo dell'informatica si sono avuti per lo svolgimento di quelle attività caratterizzate dalla necessità di trattare enormi quantità di dati e di produrre velocemente informazioni frequenti attraverso procedure ripetitive (in genere di natura amministrativa, quali, ad esempio, la gestione paghe e stipendi, l'elaborazione ed emissione di fatture e la gestione del magazzino, oppure per elaborazioni di tipo statistico da parte degli uffici anagrafe). Infatti, per lo svolgimento di tali attività ripetitive e fortemente strutturabili risulta economicamente conveniente adottare procedure automatizzate standard (e non più manuali) per il trattamento dei dati, così da velocizzare ed alleggerire il lavoro di tipo impiegatizio e conseguire un notevole risparmio in termini di costi.

L'insieme delle tecnologie informatiche utilizzate in tale prima fase di automatizzazione dei sistemi informativi è comunemente indicata con il termine di sistemi di elaborazione dati (Electronic *Data Processing System - EDP System*), basati sull'uso di procedure standard e finalizzati ad ottenere precisione e accuratezza dei risultati, e, dunque, maggiore efficienza.

2. I sistemi informativi direzionali (Management Information System – MIS)

Intorno alla metà degli anni Sessanta, si avverte il bisogno di disporre di strumenti in grado di rappresentare l'andamento delle attività operative aziendali, permetterne il controllo e valutarne l'efficace ed efficiente impiego delle risorse finalizzato al conseguimento degli obiettivi aziendali. Tale necessità porta alla messa a punto di un insieme di procedure automatizzate che danno vita ai primi sistemi informativi direzionali (*Management Information System - MIS*). L'obiettivo di tali sistemi è quello di fornire alla direzione informazioni tempestive, affidabili, standardizzate e routinarie (attraverso strumenti quali budget, report e statistiche) al fine di agevolare l'assunzione di decisioni ripetitive.

Con l'introduzione dei MIS si ha una notevole evoluzione in termini di raccolta dei dati, distribuzione dei risultati, comunicazione tra le diverse aree aziendali.

3. I sistemi di supporto alle decisioni (Decision Support System – DSS)

Con il complicarsi dello scenario competitivo globale, anche il top management esprime nuove esigenze informative, indirizzate al supporto delle attività tipiche della programmazione e pianificazione strategica. Per tale scopo, sono messi a punto i cosiddetti sistemi di supporto alle decisioni (*Decision Support System - DSS*).

L'indicato strumento sfrutta le tecnologie hardware e software al fine di aiutare il management nei processi decisionali non predefiniti e non strutturati. Con l'avvento dei DSS, il campo d'applicazione dei sistemi informatici si amplia gradualmente, passando dai soli dati (EDP) ed informazioni (MIS) alle decisioni. Infatti, la produzione di informazioni utili ai fini della programmazione, pianificazione e controllo deve caratterizzarsi per qualità, flessibilità e adattabilità delle informazioni stesse. Caratteristiche quali la quantità, l'accuratezza e la precisione delle elaborazioni effettuate sono considerate, a tale scopo, di rilevanza secondaria. Esistono vari tipi di DDS[44]:

> *Model driven*: enfatizza l'accesso e la manipolazione di modelli statistici, finanziari, di ottimizzazione o di simulazione. Utilizza dati e parametri forniti dagli utenti per la presa di decisioni e l'analisi di situazioni aziendali;

> *Communication driver*: supporta gruppi che lavorano ad un compito condiviso. Un esempio di tale software è Microsoft NetMeeting;

> *Data driven:* enfatizza l'accesso e la manipolazione di serie temporali di dati interni alla azienda;

> *Document driven:* gestisce, recupera e manipola informazioni non strutturate in una varietà di formati elettronici;

---

[44] S. Brunozzi, Business Intelligence: strumenti e software utilizzabili, in Business Online, luglio 2006

> *Knowledge driven:* fornisce perizie specializzate nella risoluzione dei problemi; tali perizie sono immagazzinate come regole, procedure o strutture simili.

4. I sistemi legacy

La continua evoluzione dei sistemi informativi ha progressivamente portato ad una "fusione" dei modelli sopra brevemente analizzati. Infatti, le imprese hanno operato affinché vi fosse un'integrazione di tali tre differenti sistemi, attraverso lo sviluppo di idonee tecnologie informatiche tra loro "collegate" ed in grado di rispondere a qualunque esigenza informativa.

Tale spinta porta alla realizzazione di sistemi informativi automatizzati detti sistemi legacy, cioè strumenti in cui EDP, MIS e DSS sono sinergicamente correlati tra loro, talvolta al punto da rendere difficile una loro netta distinzione.

5. I sistemi ad integrazione di ciclo

Nel periodo compreso tra la fine degli anni Sessanta e i primi anni Settanta, il grado di evoluzione raggiunto dal settore informatico consente la realizzazione dei cosiddetti sistemi ad integrazione di ciclo, capaci di superare i limiti presentati dai sistemi di tipo *legacy*. Infatti, quest'ultimi, benché le loro diverse componenti siano naturalmente interrelate, risultano idonei a supportare le esigenze informative di una tradizionale organizzazione gerarchico-funzionale, ma non raggiungono il grado di integrazione necessario per ragionare in un'ottica di processo.

I sistemi ad integrazione di ciclo, invece, sono in grado di attuare nelle aziende l'integrazione dei dati e delle informazioni necessarie a sostenere una logica gestionale basata sui principali processi, piuttosto che sulla sola impostazione funzionale. Tali sistemi riescono a raggiungere un elevato grado di integrazione tra le attività che supportano perché sfruttano la tecnologia dei database.

Il sottosistema direzionale per poter funzionare deve necessariamente interagire con le informazioni elementari contenute nel sistema informativo operativo. Si potrebbe dunque affermare che il sottosistema operativo è il cuore del sistema globale. Questa interazione è per lo più gestita attraverso meccanismi

29

organizzativi e non informatici, anche se i sistemi di *data warehousing* e le tecnologie OLAP (*on line analytical processing*)[45] supportano oggi sempre più lo scambio di informazioni fra i due sistemi.

In particolare, il reporting di origine contabile dovrà interagire con il sistema operativo amministrativo, così da poter produrre informazioni quali conto economico globale gestionale (classificazione dei costi per destinazione, oltre che per natura) e rendiconto finanziario globale; indicatori di sintesi sull'equilibrio finanziario, patrimoniale e reddituale dell'azienda (indici di struttura e di situazione finanziaria e patrimoniale e indici di redditività); rendiconti economici periodici; rendiconti economici per singola unità di business; rendiconti economici per singolo centro di costo.[46]

La reportistica contabile consentirà poi di produrre un'analisi degli scostamenti fra quanto preventivato e quanto effettivamente consuntivato.

Anche il reporting di origine extra-contabile deve necessariamente generare un interscambio con il sistema informativo operativo e non soltanto con l'area amministrativa, ma anche con le altre aree funzionali, quali il commerciale, l'organizzazione del personale, la produzione, ecc. Proprio in tali direzioni si espletano infatti quelle transazioni operative che il sistema rileva, utili per impostare il quadro dei fenomeni da controllare e per identificare i fattori critici di successo.

L'area del supporto dei processi decisionali è a sua volta distinta in due sotto-aree:

- area destinata al management di livello medio per lo più di staff;
- area destinata al management di livello alto.

L'area destinata al management di livello medio è costituita da strumenti informatici definiti *decision support systems* (DDS), i quali aiutano i managers di

---

[45] OLAP è stato coniato da E.F. Codd & Associates in un paper del 1994. Sono strumenti basati su un'analisi dimensionale e sul concetto di ipercubo, cioè i dati sono organizzati in array e questi array sono chiamati "cubi". Tale organizzazione permette di evitare le limitazioni di un normale database relazionale poiché i dati possono essere analizzati in più dimensioni in tempi ridotti. S. Brunozzi, *Business Intelligence: strumenti e software utilizzabili*, in Business Online, luglio 2006

[46] F. Culasso, *Information Tecnology e Controllo di Strategico*, Giuffrè, Milano, 2004

medio livello spesso di staff a prendere decisioni uniche, in situazioni nuove e non chiaramente determinabili a priori, per le quali pertanto non esistono procedure standard. Esempi potrebbero essere l'analisi delle vendite in un specifica regione per decidere se continuare a vendere o meno, l'analisi di particolari costi di produzione per decidere se continuare a produrre o meno, l'analisi di profittabilità, ecc.

L'area destinata al management di livello alto è costituita da strumenti informatici definiti *executive support systems* (ESS), i quali supportano i managers di elevato livello nel prendere decisioni di medio e lungo periodo, assolutamente destrutturate o poco strutturate, caratterizzate per la presenza di numerosi obiettivi, spesso in conflitto fra di loro e di situazioni nuove per le quali non sia immediata la soluzione risolutiva migliore.

L'ESS è costruito in modo tale da reperire informazioni sia interne dal MIS e dal DSS sia esterne, dall'ambiente economico, legislativo, tecnologico, ecc.; inoltre, rispetto agli altri sistemi, l'ESS non è costruito per far fronte a specifici problemi, ma è flessibile ed utilizzabile per qualunque tipologia di problematica (in quale business potremmo entrare? cosa faranno i nostri competitors? quali acquisizioni potremmo operare per differenziare il nostro business? e cosa potremmo cedere per reperire la liquidità necessaria?), in quanto fa meno ricorso rispetto al DSS ai modelli di simulazione analitica.

Tabella 1.6: Tipologie di sistemi informativi

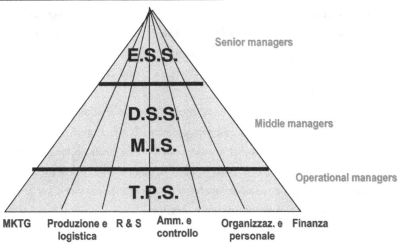

T.P.S. - *Transaction Processing Systems:* per i processi operativi

M.I.S. - *Management Information Systems:* per i processi gestionali

D.S.S. - *Decision Support Systems:* di supporto ai processi direzionali

E.S.S. - *Executive Support Systems* : per processi direzionali

1.4 Il *Process Management*: l'approccio per processi aziendali e l'integrazione trasversale dei flussi informativi

Alla fine del secondo paragrafo abbiamo affermato che il sistema informativo operativo è un sistema integrato scomposto in tanti sottosistemi informativi quante sono le aree funzionali[47] dell'azienda.

Le aree funzionali, secondo una nota classificazione accademica[48] si distinguono in: aree funzionali *operazionali* (produzione, marketing, logistica, R&S, …) e aree funzionali di *informazione e controllo* (amministrazione, pianificazione strategica, controllo di gestione, sistema informativo). Il sistema informativo, oggetto della presente trattazione, trasforma attraverso un apposito processo le informazioni grezze provenienti dalle varie aree funzionali e le ridistribuisce sotto forma di informazioni utili per l'impiego.

Un processo è un insieme organizzato di attività che, utilizzando input di varia natura, porta alla realizzazione di un output[49], oggetto dei rapporti di scambio con il mercato esterno o di un "prodotto interno" necessario alla gestione ed allo sviluppo dell'organizzazione (tabella 1.7). L'output deve avere un valore ben identificabile per il cliente del processo stesso. Dunque, il processo non è che un flusso continuo di attività finalizzate al raggiungimento di un medesimo obiettivo e l'obiettivo verso cui sono volte le attività aziendali, costituenti il processo, è il risultato del processo stesso.

Ogni processo ha specifici destinatari ed il suo svolgimento può richiedere la partecipazione di diverse unità organizzative di una stessa azienda o di organizzazioni aziendali differenti. Nella maggior parte dei casi il suo fluire è indipendente dalla struttura organizzativa formale ed esso attraversa in

---

[47] Per funzione si intende un insieme di operazioni di gestione, omogenee da un punto di vista tecnico economico. "Le unità funzionali si limitano all'esercizio di una singola tipologia di attività tra quelle che costituiscono il ciclo di trasformazione economica che contraddistingue l'azienda". R. Mercurio F. Testa, *Organizzazione assetto e relazioni nel sistema di business*, Giappichelli Editore, Torino, 2000
[48] G. Ferrero, *Impresa e Management*, Giuffrè Editore, 1987
[49] G. Costa R.C.D. Nacamulli, *Manuale di organizzazione aziendale*, Utet, Torino, 2005 vol. 5

33

orizzontale la struttura verticale delle aree funzionali (*transfunzionalità del processo*)[50].

Tabella 1.7: Schema di un processo

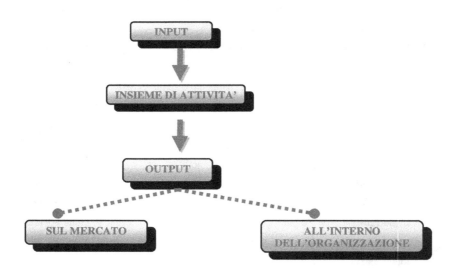

L'intera azienda è un insieme di processi (ciclo attivo e cioè le attività legate alle transazioni relative alla vendita del bene o servizio; ciclo passivo cioè le attività legate alle transazioni connesse all' acquisto del bene o servizio da parte dell'azienda; il processo produttivo;...) prescindendo dalla struttura organizzativa adottata[51], tra i quali il principale è il processo esplicito di

---

[50] G. Toscano, *La misurazione delle performance di processo tra Non Financial Indicator ed Activity Based Accountig*, in Budget n° 5, 1996
[51] "L'amministrazione dell'azienda è la più generale combinazione di processi". G. Ferrero, *Impresa e Management*, Giuffrè Editore, 1987

formulazione strategica che assicura il coordinamento delle varie aree funzionali verso il raggiungimento degli obiettivi[52].

Molteplici sono le classificazioni proposte dalla dottrina sui processi aziendali, tuttavia, si è pressoché concordi nel suddividere i processi in due grandi gruppi:

- processi *core* coincidenti con le attività primarie della catena del valore[53]
- processi *di supporto* che rappresentano il "back office" dei processi chiave.

I fondamenti teorici dell'approccio per processi all'azienda sono da rintracciarsi nell'ambito degli studi economico aziendali poiché se l'obiettivo generale dell'azienda è la *creazione del valore*, cioè l'accrescimento del capitale economico[54], è fondamentale che essa produca flussi reddituali - finanziari tali da consentirle di continuare ad esercitare le operazioni economiche proprie della sua funzione. Ciò avviene quando il valore potenziale percepito dal management si traduce in capitale economico ed in vantaggio competitivo, ovvero qualora il potenziale cliente percepisce il valore del prodotto/servizio aziendale.[55] Per conseguire un vantaggio competitivo[56] occorre, quindi, capire quali sono le possibili vie per realizzare a proprio vantaggio quelle che gli economisti

---

[52] M. Porter, *La strategia competitiva,* Tipografia Compositori, Bologna, 1987
[53] Tutti i compiti in concreto svolti in un'impresa possono essere raggruppati in nove categorie generiche di attività generatrici di valore, a loro volta suddivisibili nei due gruppi delle attività primarie e di supporto. Le attività primarie corrispondono grosso modo alle funzioni di gestione classiche che, nelle imprese che adottano una struttura organizzativa di tipo funzionale sono di norma gestite mediante apposite unità organizzative, presidiate ciascuna da un responsabile. Le attività di supporto traggono la denominazione dal ruolo di loro competenza, che è quello di sostenere le attività primarie, ma anche di rinforzarsi a vincenda. Adattamento da M. Porter, *Il vantaggio competitivo,* Edizioni Comunità, Milano, 1987
[54] "Valore dell'impresa è, come si ebbe modo di notare, valore del capitale di impresa. Il valore così individuato – individuato cioè capitalizzando il presunto reddito avvenire – suole dirsi in ragioneria valore economico del capitale, dove l'aggettivo segnala il solito riferimento al reddito. Brevemente, seppure non propriamente, il valore in tal modo individuato si designa come capitale economico, espressione ellittica che assume significato soprattutto in contrapposizione a quella di capitale contabile, che esprime il valore per cui il capitale netto d'impresa figura negli strumenti contabili, conti e bilanci". D. Amodeo, *Ragioneria generale delle imprese,* Napoli, 1965
[55] A. Rappaport, *Creating Shareholder Value,* The Free Press, 1986
[56] "Il vantaggio competitivo si manifesta nella capacità dell'impresa di conseguire una posizione favorevole sul mercato che le consenta di realizzare una performance reddituale superiore a quella dei concorrenti". L. Sicca

industriali chiamano asimmetrie di informazione, perché è nel differenziale di informazioni e di conoscenza che si rende difficile ai concorrenti comprendere ed imitare le ragioni del successo.

Quindi, ai fini della soddisfazione del cliente, del conseguente vantaggio competitivo che ne deriva e, infine, della creazione di valore per l'azienda, è necessario adottare un approccio per processi.

Il *Process Management*, o la gestione dei processi, si concretizza in una serie di metodi e tecniche volti alla gestione nell'ottica del mantenimento dei processi aziendali esistenti, nonché alla gestione di nuovi nell'ottica del miglioramento.[57]

Il *Business Process* si sostanzia in due tipologie di intervento: interventi di tipo incrementale (*Business Process Improvement*) e di tipo straordinario (*Business Process Reengineering*).[58] L'approccio incrementativo (BPI) parte dall' *"as is"*[59] cioè una prima fase di valutazione del processo attuale, con la quale si cerca di comprendere se il processo in analisi sia adeguato; qualora vada revisionato inizia la seconda fase. Il BPR è, invece, un ripensamento radicale, il ridisegno totale dei processi aziendali mediante l'integrazione tra le tecnologie informatiche. Al di là degli indubbi vantaggi del *Process Management*, molti Autori sono concordi nel rilevare in esso una serie di problematiche come dispersione delle competenze funzionali, ridondanza di personale, la non applicabilità a tutte le realtà aziendali; in effetti, nella pratica molte imprese vivono il *Process Management* come dimensione aggiuntiva della struttura, ricorrendo a soluzioni ibride.

---

[57] A. Bubbio, M. Facco, *Gestione per processi: i metodi e gli strumenti*, in Amministrazione & Finanza, n° 9, 1996

[58] F. Culasso, *Information Tecnology e Controllo di Strategico*, Giuffrè, Milano, 2004

[59] I processi possono essere rappresentati attraverso la predisposizione di flow-chart, grafici sintetici che, grazie ad una simbologia standard, consentono di mettere in luce i diversi processi in maniera più immediata ed efficace, ponendo in evidenza:
- i diversi uffici che partecipano al processo
- le persone coinvolte
- le attività che compongono il processo
- il numero di documenti
- la sequenza delle diverse operazioni

I sistemi informativi aziendali ed i sistemi di programmazione e controllo devono adeguarsi alla gestione organizzata per processi. Il processo di controllo di gestione, in particolare, è incentrato sul budget ed il budget nelle aziende tradizionali si presenta come un programma di gestione globale, cioè abbraccia l'impresa nella sua globalità ovvero in tutte le sue aree funzionali, a tutti i livelli organizzativi, pertanto non potrà che assumere i connotati della gestione per processi[60].

Un' ultima precisazione merita di essere sviluppata. L'attenzione delle aziende per il *benchmarking* deve in parte il proprio sviluppo alla gestione per processi. Infatti, contestualizzando il confronto ai processi, ogni azienda può prendere come riferimento un'azienda eccellente nell'esecuzione dei medesimi, seppur operante in settori diversi. I più recenti Sistemi Informativi orientati all'integrazione offrono per l'appunto processi standard cui omologarsi desunti dalle migliori prassi (*best practices*) in materia rilevate dalle società di consulenza aziendale.

Se l'approccio per processi, come si è argomentato, è fondamentale per la creazione di valore in azienda ed un limite alla sua attuazione operativa è la mancanza di strumenti idonei alla sua implementazione (in particolare alla gestione ed al coordinamento dei flussi di processo), quanto mai risolutivo si presenta un sistema che consenta di superare questo problema. E così all'inizio degli anni '90 sono nati prodotti informatici volti a risolvere il problema della gestione e dell'integrazione trasversale dei flussi informativi[61]. Si tratta dei già citati ERP – *Enterprise Resource Planning* e cioè prodotti software destinati a fungere da sistemi gestionali operativi integrati per le aziende[62]. Essi fanno del Sistema Informativo Operativo un sistema già integrato in partenza che collega tutte le principali funzioni aziendali. A differenza dei sistemi operativi

---

[60] L'argomento qui è stato appena accennato perché sarà trattato in seguito.
[61] "Con un intento di semplificazione si sono automatizzate le funzioni interne badando soprattutto alla loro efficienza.I processi possono attraversare in modo orizzontale le varie applicazioni". De Marco M., *I Sistemi Informativi Aziendali. Temi di attualità*, Franco Angeli, Milano, 2000
[62] F. Culasso, *Information Tecnology e Controllo di Strategico*, Giuffrè, Milano, 2004

tradizionali, i sistemi ERP non sono frutto di aggregazioni successive di componenti, ma posseggono un' architettura informatica già integrata.

Tuttavia, questi prodotti sono strumenti, meccanismi operativi, non si sostituiscono alla pianificazione strategica, né rendono una qualunque azienda un'azienda gestita per processi, ma supportano il management che abbia scelto tale direzione.

Capitolo 2: L'Information Tecnology: l'informatica a supporto del sistema di generazione e distribuzione delle informazioni

2.1 Il Sistema Informatico: componente tecnologica del S.I.A.

Alla luce di quanto esposto nel capitolo precedente possiamo fare le seguenti considerazioni: le imprese si sono trovate sempre più ad operare in mercati competitivi, caratterizzati da una crescente globalizzazione, in cui è necessario saper migliorare tempestivamente e continuamente le performance aziendali; tale scenario implica la necessità per le aziende di rivedere e riprogettare talvolta i principali processi aziendali; la crescente competizione e i continui cambiamenti imposti dal mercato comportano che le aziende debbano disporre di un adeguato sistema di generazione e distribuzione delle informazioni. Si potrebbe sostenere che solo le tecnologie dell'informazione[63] sono strumentali alla creazione di vantaggi competitivi significativi per le aziende dei nostri tempi.

Tra gli elementi che costituiscono il sistema informativo aziendale vi è una componente tecnologica, costituita da un insieme di mezzi e strumenti utilizzati per supportare il processo informativo. Tale componente, che rappresenta un sottoinsieme del più ampio sistema informativo, è comunemente designato con l'espressione di sistema informatico.

---

[63] "Nella moderna società dell'informazione, l'informatica pervade tutte le applicazioni, da quelle scientifiche e di calcolo in senso tradizionale a quelle prettamente amministrative, dai supporti al lavoro individuale all'automazione della fabbrica, alle moderne tecniche di trasmissione, scambio ed elaborazione di informazioni."B. Fadini C. Savy, *Fondamenti di Informatica I*, Liguori Editore, Napoli, 1997

Tavola 2.1: Il Sistema Informatico – componente tecnologica del S.I.A.

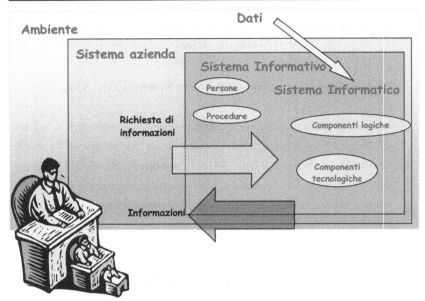

L'informatica influisce sul funzionamento delle imprese sotto i seguenti principali aspetti:

- ➢ modifica delle condizione di operatività interna;
- ➢ modifica dell'ambiente esterno in cui l'impresa opera e delle relazioni che con esso intrattiene.

Senza voler appesantire la trattazione, è utile a parere di chi scrive effettuare una pur breve ma opportuna analisi delle architetture[64] dei sistemi informatici. Essa segue tre direttrici:

- ➢ analisi della stratificazione in senso verticale delle varie componenti di un sistema informatico;

---

[64] Per architettura si intende "il modo in cui hardware e software si combinano". M. De Marco, *I sistemi informativi aziendali. Temi di attualità* , Franco Angeli, Milano, 2000

> analisi della sua articolazione in senso orizzontale, cioè l'esame del collegamento tra le diverse componenti di un singolo sistema informatico che realizzano una architettura;

> analisi dell'interazione tra la dimensione verticale e quella orizzontale di un sistema informatico.

Seguendo la prima direttrice e cioè la stratificazione in senso verticale, il sistema informatico viene ad essere ripartito in quattro strati: *hardware*, *software* di base, *middleware* cooperativo, *software* applicativo.

Tavola 2.2: Il Sistema Informatico – stratificazione verticale

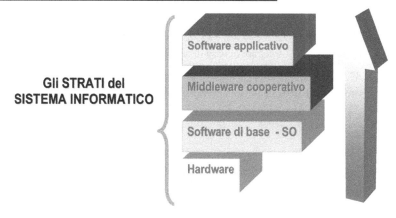

Con il termine *hardware*[65] s'intendono tutte le componenti fisiche, meccaniche ed elettroniche di un sistema informatico, quali:

> il processore o CPU (*Central Processing Unit*);

> la memoria centrale (memoria cache, RAM e ROM);

---

[65] "L'insieme di tutti i circuiti delle macchine e dei componenti elettronici, elettrici e meccanici di un sistema elaboratore viene detto l'hardware del sistema". B. Fadini C. Savy, *Fondamenti di Informatica I*, Liguori Editore, Napoli, 1997

> ➤ le memorie secondarie (dette anche memorie di massa, come ad esempio gli hard disk, i dischi floppy, i CD-ROM, i DVD, ecc.);
> ➤ le unità periferiche di input (es.: tastiera, mouse, scanner, ecc.), di output (es.: monitor, stampante, plotter, ecc.) e di input/output (es.: modem, masterizzatore, ecc.).

In altre parole, l' *hardware* comprende le componenti elettroniche e meccaniche del computer e delle periferiche.

Il *software*[66], invece, è l'insieme dei programmi necessari per il funzionamento del computer (ad esempio un software di sistema è il sistema operativo, Windows) o per la soluzione di specifici problemi (ad esempio software applicativi sono: elaborazione di testi, fogli elettronici, database, grafica, comunicazioni, didattica, giochi, ...).

In particolare, il software di base (o sistema operativo) è il programma deputato a governare il funzionamento delle varie componenti fisiche di un computer e lo svolgimento delle operazioni elementari della macchina quali, ad esempio, lettura e scrittura delle memorie, gestione delle periferiche e controllo delle memorie stesse.

Salendo al terzo livello della stratificazione verticale troviamo il *middleware*. Esso può essere definito come quella porzione di software che si colloca tra il sistema operativo e gli applicativi, fornendo interfacce relativamente semplici per connettere le applicazioni senza dover scrivere un software di integrazione troppo complesso.

Infine, il *software applicativo*[67] è costituito da quelle componenti software che l'utente vede e con le quali interagisce per svolgere determinate attività e funzioni ben precise. Tra tali programmi è possibile ricordare, a titolo meramente esemplificativo:

---

[66] "L'insieme dei programmi operanti sull'hardware del sistema viene detto il software". B. Fadini C. Savy, *Fondamenti di Informatica I*, Liguori Editore, Napoli, 1997

[67] "Un programma preparato per qualche uso specifico è chiamato pacchetto applicativo. Gli utenti in genere li acquistano dai rivenditori di calcolatori o da ditte specializzate di software. I pacchetti applicativi e gli eventuali programmi scritti dall'utente, sono normalmente definiti Software Applicativo". F. Crivellari, *Elementi di Programmazione*, Franco Angeli, Milano, 1996

> Sistemi di video scrittura per elaborazione testi (*word processing*);

> Fogli elettronici (*spreadsheet*);

> Gestori di posta elettronica;

> Sistemi ipertestuali (*Browser*);

> Applicativi gestionali;

> Sistemi di gestione di base dati (*Data Base Management Systems - DBMS*).

La seconda direttrice da considerare, è l'analisi dell'architettura orizzontale del sistema. Ormai la situazione in cui il sistema informatico di un'azienda coincide con un'unica macchina appartiene al passato, e in concreto non è più adottata.

L'evoluzione delle architetture di sistemi informatici si comprende proprio perché in una singola organizzazione cominciano ad essere presenti elaboratori diversi e nasce l'esigenza di realizzare tra loro dei collegamenti, al fine di:

> trasferire semplicemente dati elementari da una macchina all'altra;

> successivamente, condividere periferiche (ad esempio stampanti);

> in seguito, creare sistemi informatici in cui le attività di elaborazione dei dati sono distribuite tra più macchine, che collaborano, in modo coordinato, per l'esecuzione di particolari software.

Nello sviluppo dell'articolazione orizzontale di un sistema informatico, due momenti fondamentali sono stati la nascita, a metà degli anni Ottanta, delle prime reti locali, fondamentali per la condivisione di periferiche e la creazione di architetture software distribuite e la nascita della rete Internet, che, dalla seconda metà degli anni Novanta, diviene un'insostituibile strumento per trasferire dati, comunicare e mettere a disposizione informazioni su scala mondiale, a costi ridotti.

Tali fenomeni (diffusione di Internet e sviluppo delle reti locali LAN)[68] rappresentano una stimolo fortissimo all'evoluzione dei sistemi informatici in

---

[68] L'*Osservatorio semestrale della Società dell'Informazione*, realizzato da Federcomin (luglio 2006), che segue i percorsi di innovazione tecnologica del nostro Paese, analizzando il grado di diffusione e di utilizzo delle tecnologie digitali da parte di cittadini imprese e PA, nella sezione Internet ed imprese evidenzia che: "A dicembre 2005 il 57,3% delle aziende possiede un accesso ad Internet; di queste il

senso orizzontale. Dunque, dapprima, l'orizzontalità del sistema informatico si realizza tra macchine collocate all'interno dello stesso edificio (reti locali), per poi estendersi significativamente con la creazione della più estesa rete geografica oggi esistente (Internet).

Diviene quindi progressivamente importante il concetto di architettura orizzontale di un sistema informatico perché:

> le organizzazioni sono sempre più complesse e spesso richiedono connessioni *on-line*, cioè articolate in più sedi che devono essere tra loro collegate in maniera continuativa;

> sono talmente tante le componenti hardware e software che costituiscono il sistema informatico da non riuscire più a essere collocate su un'unica macchina, quand'anche tutta l'organizzazione fosse concentrata in un'unica sede. Si ha quindi e comunque una molteplicità di elaboratori, il cui principale problema è di stabilire tra loro delle connessioni.

Tuttavia, è tale esigenza di interconnessione a far sì che, dai primi anni Ottanta, l'evoluzione dei sistemi informatici (*Information Technology*) si leghi indissolubilmente con la storia delle tecnologie della comunicazione (*Communication Technology*).

Siamo giunti alla terza direttrice, l'analisi dell'interazione tra la dimensione verticale e quella orizzontale di un sistema informatico.

Nella prima fase della loro storia, i sistemi informatici furono soprattutto condizionati da loro stessi, cioè dai limiti imposti dalla natura della loro stessa tecnologia; l'architettura di un sistema informatico poteva essere realizzata solo in un certo modo e con costi elevatissimi, aspetto che ne ha inizialmente limitato l'utilizzo in ambito aziendale. L'implementazione di un sistema informatico comportava il sostenimento di un onere economico molto elevato che non poteva essere sostenuto da tutte le aziende e, anche tra quelle che potevano permetterselo, era adottato solo da quelle imprese che valutavano di poterne

---

68,7% accede ad Internet in banda larga, il 70% ha un sito Internet, e il 20% ha implementato una soluzione di rete intranet o extranet. Questi valori si avvicinano al 100% per le aziende con più di 250 addetti". Fonte: Federcomin

trarre un beneficio, in termini di efficienza, tale da giustificare un investimento tanto ingente. Inoltre, anche in caso di adozione di un sistema informatico, quest'ultimo non copriva l'intera organizzazione, ma era collocato solitamente nella sede principale dell'azienda per lo svolgimento di specifiche attività. Nel momento in cui fosse sorta una seconda sede, quest'ultima sarebbe rimasta priva di un sistema informatizzato di elaborazione dati se non ne avesse giustificato la spesa.

Con il progressivo complicarsi delle aziende, i sistemi informatici cominciarono a svolgere un ruolo fondamentale, dal momento che rappresentavano uno strumento unificante, che poteva consentire alle organizzazioni di rimanere collegate.

Il passo successivo fu rappresentato dalla volontà di collegare elaboratori collocati in luoghi fisici geograficamente distanti (all'interno dell'unica sede di un'azienda o in sedi diverse di una stessa azienda), al fine di permettere l'elaborazione e lo scambio di dati.

2.2 Evoluzione storica del sistema informatico: il profilo tecnologico. Verso l'Informatica Integrata

Adottando un approccio di tipo storico, nell'evoluzione delle principali soluzioni tecnologiche (sotto il profilo sia *hardware* che *software*) per la realizzazione di sistemi informatici, è possibile individuare le seguenti tappe:

- i *mainframe*;
- i *minicomputer*;
- i *personal computer* (PC);
- le reti di *personal computer*;
- l'architettura *client/server*;
- Internet e le applicazioni basate sul *web*.

I mainframe

Con il *mainframe* nasce nelle aziende un luogo denominato Centro di Elaborazione Dati – CED. Si parla di "informatica accentrata" poiché i terminali periferici sono tutti collegati al *mainframe* del CED e non sono in grado di effettuare per conto proprio, almeno in un primo momento, alcun tipo di elaborazione e servono principalmente per consentire agli utenti l'accesso e la consultazione della base dati centralizzata.

L'uso dei CED comporta il sorgere di una serie di problemi, quali:

- ➢ la separazione tra coloro che elaborano dati ed informazioni e coloro che devono utilizzarli per supportare le proprie decisioni;
- ➢ la lunghezza dei tempi di accesso al sistema;
- ➢ la mancanza di flessibilità nel rispondere a nuove richieste.

Dall'epoca dei *mainframe* ad oggi, la tecnologia informatica si è evoluta ad una rapidità elevatissima, tuttavia l'evoluzione di queste macchine non ha avuto la stessa velocità ed intensità. Il sistema operativo di un *mainframe*, nato intrinsecamente non interattivo, ha dovuto continuare a fornire quello stesso approccio perché coloro che avevano imparato ad utilizzare un *mainframe* non riuscivano a cambiare facilmente attitudine e non c'era alcuna convenienza economica al cambiamento, dal momento che si sarebbe dovuto riscrivere tutto il software prodotto sino a quel momento. Prima che questa inerzia comportamentale si attenuasse, trascorsero all'incirca 20 anni, arco di tempo in cui esplose, si sviluppò e si diffuse l'informatica così come conosciuta oggi.

Il *mainframe* è un'architettura che ha la sua origine temporale negli anni Sessanta, la sua piena affermazione ed esplosione nel mercato avviene solo negli anni Settanta. Negli anni Ottanta continua ad esistere, ma la sua crescita si arresta: cioè continua ad avere dei volumi di vendita costanti a fronte di una spesa informatica che aumenta in maniera esponenziale e, quindi, la sua percentuale di mercato relativa decresce sensibilmente.

I minicomputer

Nella seconda metà degli anni Settanta compaiono i primi *minicomputer*. Il *minicomputer* fu visto con molto interesse dal mercato, a causa del suo basso prezzo. Esso risultava particolarmente adatto per quegli utenti che non avevano un elevato numero di transazioni e di calcoli da effettuare quotidianamente.

Il mini è, in fondo, una sorta di piccolo *mainframe,* la differenza sostanziale consiste nella particolarità di nascere interattivo e di essere dotato di terminale "stupido" a caratteri.

Il mini, sin dalle sue origini, presenta le seguenti principali caratteristiche:

> non ha perforatrici o lettori di schede collegati, ma terminali "stupidi" che rappresentano i dispositivi per l'ingresso di input e la visualizzazione di output (insieme ovviamente alle stampanti);

> è dotato di unità di memoria di massa che, con il passare del tempo, si standardizzano sempre più (con l'IBM nasce il floppy da 12 pollici);

> il sistema operativo è interattivo;

> il software applicativo è interattivo;

> i suoi costi sono notevolmente ridotti rispetto a quelli di un *mainframe*.

Aziende di piccole e medie dimensioni, che non avrebbero mai potuto effettuare l'investimento necessario per l'installazione di un *mainframe*, iniziano ad adottare dei minicomputer.

Così, la simultanea presenza di più macchine all'interno di una stessa azienda fa nascere l'esigenza di effettuare tra loro un collegamento. Inizialmente, tale collegamento era pensato per il semplice interscambio di dati ed era realizzato attraverso linee dedicate o linea telefonica, i costi per esso però (soprattutto in Italia) erano ancora molto elevati e la velocità di trasmissione estremamente bassa.

L'enorme diffusione dei minicomputer ha un fortissimo impatto anche dal punto di vista culturale perché introduce l'abitudine all'elaborazione automatizzata dei dati e comincia gradualmente a diffondersi una maggiore sensibilità agli standard da parte degli utenti.

I personal computer (PC)

Alla fine degli anni Settanta nascono i primi PC, che cominciano a diffondersi massicciamente durante gli anni Ottanta[69], ma che subiscono una vera e propria esplosione solo nel corso degli anni Novanta[70].

Sin dalle sue origini, il PC è una macchina molto diversa rispetto ai computer che lo hanno preceduto, la sua realizzazione è resa possibile da una nuova tecnologia: quella del chip[71] e del microprocessore[72].

Inizialmente, i grandi produttori (quali soprattutto IBM e HP) non compresero le potenzialità di questa innovativa tipologia di macchine e le sottovalutarono. A comprendere pienamente le enormi possibilità di sviluppo e diffusione dei PC fu Steve Jobs: il fondatore della Apple Computer. Steve Jobs intuì che, se il costo

---

[69] Negli anni Ottanta, oltre ai PC, nascono anche le workstation che contribuiscono ad infittire ulteriormente la gamma di soluzioni informatiche presenti nelle grandi aziende. Applicazioni tipiche sono:
  ➤ il CAD/CAM (*Computer Aided Design/Computer Aided Manufacturing*);
  ➤ il CAE (*Computer Aided Engineering*).
[70] Oggi, la crescita dei PC si è arrestata, in quanto è stata praticamente raggiunta la saturazione del mercato, a fronte di un forte aumento delle vendite di palmari. Per il futuro si prevede possano essere i cellulari con palmare integrato ad avere i maggiori potenziali di crescita.
[71] Il CHIP è una piastrina di materiale semiconduttore (silicio) sulla quale sono miniaturizzati diversi componenti elettronici quali, ad esempio, i transistori o diodi che realizzano circuiti integrati di varia complessità e funzionalità. B. Fadini C. Savy, *Fondamenti di Informatica I*, Liguori Editore, Napoli, 1997
[72] Il microprocessore è una CPU, i cui milioni di transistori trovano posto in un singolo chip delle dimensioni di pochi centimetri quadrati. B. Fadini C. Savy, *Fondamenti di Informatica I*, Liguori Editore, Napoli, 1997

fosse stato contenuto, ciascuno avrebbe potuto trarre divertimento (in ambito domestico) o utilità, in termini di produttività individuale (in campo lavorativo), dall'utilizzo di un PC.

Con i PC nasce, si diffonde e si radica la cultura del "non proprietario" e dello standard, quale unica caratteristica che può garantire la compatibilità tra hardware e software di tipo diverso.

L'impiego dei PC in ambito aziendale fa sì che le risorse informatiche non siano più concentrate all'interno del CED, bensì siano distribuite all'interno di tutte le funzioni aziendali mediante terminali che sono contemporaneamente in grado di colloquiare con l'elaboratore centrale e consentire agli utenti l'elaborazione di dati per proprio conto. Dalla fase dell'"informatica accentrata" (rappresentata da *mainframe* e *mini*) si passa così alla seconda fase, detta dell'"informatica individuale".

Utilizzando il PC, l'utente ha la possibilità di lavorare direttamente sui propri dati, scegliendo i tipi di elaborazione e di processi più rispondenti alle proprie esigenze ed assumendosi la responsabilità della loro integrità e correttezza.

Emergono, tuttavia, altre problematiche, relative all'impossibilità di condividere ed armonizzare i dati e le informazioni utilizzate dai singoli utenti. I dati, infatti, sono spesso duplicati, cioè inseriti più volte su ciascun PC, e, in seguito, manipolati ed aggiornati individualmente, giungendo così a fornire interpretazioni differenti e, in genere, discordi.

Il superamento di tali limiti è reso possibile dal diffondersi del concetto di "informatica integrata", con l'avvento delle prime tecnologie di rete e dei software basati sulla cosiddetta architettura *client/server*.

I PC, affiancandosi a *mainframe* e *mini*, contribuiscono in maniera determinante all'evoluzione dei sistemi informatici aziendali.

Dopo una prima fase di diffusione dei PC in ambito domestico o come soluzione specifica per il professionista, anche le aziende iniziarono ad adottarli soprattutto per fornire, al singolo utente, servizi sul posto lavoro. In questo periodo iniziale, i PC sostituirono progressivamente le macchine da scrivere presenti negli uffici.

Infatti, sebbene più costosi, i PC erano molto più versatili e consentivano lo svolgimento di svariate attività.

Tuttavia, come sostituto della macchina da scrivere, il PC aveva un punto debole: la qualità della stampa. Le prime stampanti ad aghi non consentivano soluzioni di elevata qualità. La scarsa qualità delle stampanti ad aghi fu superata con l'uscita nel mercato delle prime stampanti laser. Per contro, il costo di una stampante laser era così elevato (molto spesso, anche sensibilmente superiore a quello di un PC) da non permettere di fornirla in dotazione a ciascun PC. Si creò quindi la necessità di far condividere a più PC una periferica così preziosa, collegando più PC e connettendo ad uno di essi, che svolgeva il compito di *server* di rete, la stampante, in maniera tale che fosse raggiungibile ed utilizzabile anche da tutti gli altri. Così, a partire dalla seconda metà degli anni Ottanta, fenomeni, quali, la diffusione dei personal computer, la maggiore importanza assunta dalla condivisione di dati, risorse ed applicazioni, l'ulteriore sensibile diminuzione del costo dell'hardware, la miniaturizzazione dei componenti elettronici e l'aumento delle capacità di elaborazione dei microprocessori, determinarono la nascita delle prime reti locali (cosiddette LAN - *Local Area Networkr*[73]) di PC.

Le reti di personal computer (PC)

Le prime reti di PC rappresentavano un sistema d'elaborazione nel quale la potenza di calcolo si trovava presso i vari utenti, senza che ciò sacrificasse le possibilità di comunicazione (più macchine dialogavano tra loro in uno spazio molto ristretto). Tuttavia si trattava ancora di soluzioni indipendenti e scollegate da eventuali altri sistemi d'elaborazione centrale, già presenti in azienda.

Quindi, le reti di PC progressivamente cominciarono a rappresentare l'architettura ottimale per la condivisione di periferiche (non solo stampanti ma anche grosse unità di memoria di massa), lo scambio d'informazioni e l'utilizzo di applicativi office, grazie anche alle postazioni di lavoro che, adottando progressivamente un sistema operativo come Windows, fornivano una grafica

---

[73] Nelle reti LAN gli elaboratori collegati appartengono ad un'area fisica limitata, per lo più sono interni ad un'azienda e la rete è di proprietà dell'azienda stessa.

video (di cui il terminale di un *mini* era sprovvisto) adatta per questo tipo di programmi.

L'affermarsi delle reti ha ristrutturato il mondo informatico attraverso un processo, detto *downsizing*[74], che ha spinto le aziende all'eliminazione dei grossi *mainframe* con le loro decine di terminali, per sostituirli con reti di calcolatori indipendenti, fra loro interagenti e cooperanti.

Accanto alla condivisione di risorse hardware, software ed informazioni, che rappresentano i principali servizi resi possibili dalle reti (sin dalla loro prima apparizione), ve ne sono altri, quali:

> ➢ facilitazione della comunicazione tra utenti;
> ➢ alta affidabilità (replica delle informazioni critiche): in caso di guasto di un componente della rete, gli altri, se la rete è stata progettata in modo opportuno, continuano a funzionare;
> ➢ convenienza economica: piccoli calcolatori hanno un miglior rapporto prestazioni/prezzo rispetto ai grandi sistemi centralizzati/mainframe);
> ➢ crescita graduale: le capacità hardware e software di una rete possono essere aumentate gradualmente nel tempo, con il mutare delle esigenze, in modo relativamente semplice.

Quindi, la necessità di utilizzare una rete nasce soprattutto da due aspetti fondamentali:

> ➢ possibilità di abbattere i costi;
> ➢ aumento della produttività.

La riduzione dei costi si realizza grazie all'accentramento e/o alla condivisione delle risorse, mentre l'incremento di produttività è una conseguenza del "lavoro di gruppo" realizzabile condividendo software, progetti, modelli, rubriche, contatti, ecc. I costi iniziali sono, quindi, controbilanciati dal miglioramento generale di tutto il sistema informativo.

---

[74] Si definisce downsizing un intervento di ristrutturazione organizzativa volto al recupero della produttività, in genere mediante un taglio di costi.

Con la diffusione delle reti di PC, a partire dai primi anni Novanta, si verificarono fenomeni che risultarono determinanti per la futura evoluzione dei sistemi informatici. Gli utenti di PC si abituarono (utilizzando i primi programmi in campo office) ad avere a disposizione: un'enorme potenza di calcolo, ambienti di lavoro di tipo grafico, il mouse quale strumento molto interattivo, prestazioni più brillanti, tempi di risposta più rapidi.

Con la rete crebbe dunque la possibilità di risolvere, in modo digitale, quei problemi gestionali che, in precedenza, difficilmente potevano essere risolti.

Infatti, sebbene *mainframe* e *mini* presentassero enormi capacità di elaborazione, questa era centralizzata ed i terminali stupidi non presentavano risoluzioni grafiche, inoltre, i linguaggi di programmazione che erano utilizzati da tali macchine erano stati studiati per applicazioni gestionali tradizionali, che mal si conciliavano con la dinamicità dell'ambiente economico e tecnologico.

I PC, invece, si presentavano come efficace risposta alle suddette problematiche. Essi, infatti, erano dotati di linguaggi di programmazione che consentivano una sofisticata gestione della grafica video e degli strumenti di interattività (es.: mouse), inoltre erano già collegati in rete.

Il passo che portò alla nascita delle prime applicazioni distribuite fu quindi breve.

Le aziende risposero in modo decisamente positivo alle suddette innovazioni tecnologiche che, per tutte, rappresentavano grandi opportunità. Infatti:

> ➤ le imprese di medio-piccole dimensioni potevano accedere alle tecnologie informatiche effettuando investimenti decisamente più ridotti rispetto all'acquisto ed all'utilizzo di un mini;

> ➤ le imprese di grandi dimensioni, già dotate di mainframe o mini, vedevano nella rete LAN la possibilità di un'ulteriore articolazione della loro architettura di sistema informatico, finalizzata alla risoluzione di problemi specifici.

La rete divenne quindi un'importante opzione di sistema informatico. Inoltre, grazie allo sviluppo delle reti di PC si è potuta affermare la cosiddetta architettura *client/server*, in cui un utente che disponeva di un PC (il *client*), poteva utilizzare anche le risorse (di calcolo e di memoria) di una o più macchine di livello superiore (i *server*), a sua volta propulsiva per l'affermarsi dei sistemi ERP.

L'architettura client/server[75]

Oggi le applicazione *client/server* funzionano secondo il modello *"three tier"*, nel quale l'interfaccia è gestita dal *client,* il calcolo è affidato a un *server* applicativo e la gestione dei dati è collocata su un *database server.* Si tratta di un modello di interazione tra diverse procedure informatiche; in pratica, un *client* può accedere ai dati gestiti dal *server*, il quale a sua volta deve soddisfare le esigenze del *client* stesso, tutto ciò mediante collegamento in rete. Il *server* è un computer solitamente di maggiori dimensioni rispetto al *client*, pur trattandosi sempre di un PC (tavola 2.3).

La presenza in azienda dell'architettura *client/server* ha agevolato la diffusione dei sistemi ERP nelle imprese. I più grandi produttori di applicativi gestionali, in particolare quelli di ERP quali, per esempio, *SAP, BAAN, J. D. Edwards* e *Peoplesoft* per primi scelsero di realizzare i loro prodotti utilizzando l'architettura *client/server.*

Internet e le applicazioni basate sul web

Lo sviluppo di internet ha indotto le *software house* a sviluppare architetture basate sul web[76]. Ciò è dovuto al fatto che le imprese hanno iniziato fin da subito ad utilizzare Internet ed i servizi utilizzabili attraverso di esso, dapprima per i servizi di posta elettronica e successivamente per servizi sempre più complessi, utilizzando gli applicativi in quel momento disponibili, ovvero gli applicativi *client/server.* Tuttavia, il funzionamento di un applicativo progettato per un'architettura *client/server* è ottimale su una rete LAN. Il suo utilizzo tramite una rete è subordinato alla limitatezza dei dati scambiati ed ad un numero di terminali non troppo elevato.

---

[75] J. Vaughn, *Client/Server System Design and Implementation*, McGraw Hill, New York, 1994
[76] L'architettura client/server potrebbe lentamente evolvere verso una logica di rete, in cui i programmi vengono forniti alle imprese clienti via Internet da fornitori specializzati detti ASP – Application Service Provider. D. Busso, *L'economia degli Application Service Provider*, Giuffrè, Milano, 2003

La soluzione fu quella di adottare la tecnologia su cui si basava il web, linguaggio HTML, per adattare i software applicativi *client/server*. Il browser diventò così lo strumento per utilizzare applicazioni *client/server* tradizionali remotizzate pubblicate su un web server. Tali applicazioni vengono definite *web-enabled*, ovvero «adattate» all'utilizzo tramite web.

Tale innovazione consentì di:

➢ adeguare l'architettura *client/server* al mondo Internet e sfruttarne le potenzialità per risolvere il problema del collegamento delle postazioni in remoto;

➢ rendere accessibili attraverso il web, grazie ad un PC dotato di browser e alla standardizzazione dell'interfaccia grafica, una moltitudine di applicazioni, le quali, dal punto di vista di un singolo utente, potevano anche essere messe a disposizione da un terzo fornitore e collocate su server molto lontani.

Tavola 2.3: Architettura *client/server*

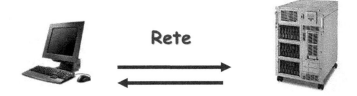

2.3 Il Sistema Informativo Operativo Integrato: piano di analisi logico organizzativo. Gli ERP

Nel primo capitolo si è già fatto cenno ai sistemi ad integrazione di ciclo. Si tratta di sistemi capaci di attuare nelle aziende l'integrazione dei dati e delle informazioni necessarie a sostenere una logica gestionale basata sui principali processi piuttosto che sulla sola impostazione funzionale.

Le principali tipologie di sistemi ad integrazione di ciclo, susseguitesi nel tempo, sono rappresentate da:

  ➢ *Material Requirements Planning* – MRP;
  ➢ *Manufacturing Resource Planning* – MRP II.

Il *Material Requirements Planning*[77] – *MRP* è finalizzato alla determinazione dei fabbisogni di risorse necessari per alimentare i piani di produzione. Esso consente di tenere sotto controllo contemporaneamente la produzione ed i fornitori, in modo da ottenere una lineare gestione dei materiali, volta alla massimizzazione del livello di servizi offerto al mercato ed alla minimizzazione delle scorte[78].

Con il *Manufacturing Resource Planning* – *MRP II*[79], invece, l'integrazione non è perseguita solo nell'area della gestione dei materiali, ma di tutti i cicli operativi principali (acquisto, trasformazione e vendita), ovvero si verifica l'estensione dei software dalla sola gestione del magazzino anche all'area della produzione. Partendo dagli obiettivi di evasione degli ordini effettuati dai clienti, tali sistemi

---

[77] Il Gartner Group a metà degli anni '60 per primo cominciò a parlare di questi software come di applicativi nati per la pianificazione dell'approvvigionamento di materiali, basati su tecniche particolari di riordino.
[78] "La gestione del magazzino nelle imprese manifatturiere comporta non pochi problemi che si traducono per lo più in costi sotto il profilo economico ed in capitale impiegato sotto il profilo finanziario". F. Culasso, *Information Tecnology e Controllo di Strategico*, Giuffrè, Milano, 2004
[79] "Un sistema MRP II è formato da centinaia di programmi che supportano la produzione e la logistica, a partire dal livello della programmazione operativa sino alla gestione fisica dei flussi di materiali, delle risorse umane e dei mezzi interessati". F. Culasso, *Information Tecnology e Controllo di Strategico*, Giuffrè, Milano, 2004

verificano dapprima la fattibilità produttiva e poi procedono a lanciare i programmi di acquisto a fornitori e, quindi, gli ordini interni di produzione.

I sistemi ad integrazione di ciclo, pur coprendo i segmenti di approvvigionamento e produzione, non risultano in grado di integrare (o comunque integrano solo limitatamente) le attività di vendita e distribuzione ed i processi amministrativi collegati alla contabilizzazione degli acquisti e del magazzino.

La risposta a tali problemi, messa a punto dalle aziende di software, è rappresentata dalla comparsa dei sistemi per la pianificazione delle risorse aziendali, i cosiddetti *Enterprice Resource Planning* – ERP[80].

Gli ERP rappresentano dei sistemi software per la gestione globale dell'impresa che integrano tutti i principali aspetti dell'attività di un'azienda, consentendo un ulteriore miglioramento delle attività di pianificazione, programmazione e controllo di tutte le risorse.

L'introduzione degli ERP in azienda permette di trattare grandi quantità di dati, contenuti in più database gestiti dalle diverse funzioni aziendali (a tutti i livelli ed in qualsiasi momento), e di destinarli alla soddisfazione di molteplici esigenze. Infatti, grazie all'impiego dei database cosiddetti relazionali[81], i dati "grezzi" devono essere immessi una sola volta e possono essere prelevati e gestiti al fine di trasformarli in informazioni da qualsiasi funzione aziendale a seconda delle proprie necessità cognitive. I dati e le informazioni sono quindi in continua relazione tra loro, indipendentemente dal database in cui sono immagazzinati.

---

[80] C Cerruti., *L'introduzione di strumenti informativi avanzati nella media impresa: prime evidenze su potenzialità e limiti dei sistemi ERP*, Convegno AIDEA, Parma, 29-30 ottobre 1999

[81] Con il termine "relazionale" si indica la particolare struttura di una banca dati in cui i dati hanno una disposizione bidimensionale simile ad una tabella: ogni riga rappresenta un record (cioè una struttura organizzata di dati) e ogni colonna uno dei suoi field (cioè ciascuna delle zone, anche di ampiezza tra loro differenti, in cui è suddiviso un record, e che contiene un dato elementare). Tramite operazioni matematiche sui dati memorizzati è possibile ottenere qualsiasi tipo di informazione contenuta nella banca dati, anche mettendo in collegamento la tabella principale con una o più tabelle collegate attraverso fields comuni. Il modello consente di localizzare, ordinare e modificare facilmente i dati, nonché di individuare ridondanze o carenze. B. Fadini C. Savy, *Fondamenti di Informatica I*, Liguori Editore, Napoli, 1997

A differenza dei sistemi ad integrazione di ciclo, gli ERP non richiedono aggregazioni successive di componenti, in quanto nascono già integrati sotto il profilo sia dell'architettura informatica sia della progettazione logica[82]. Per tali caratteristiche, gli ERP sono definiti sistemi a cosiddetta integrazione nativa.

Gli ERP concretizzano il desiderio del management aziendale di avere a disposizione informazioni corrette ed univoche su tutte le aree funzionali, da cui deriva la possibilità di comprendere le modalità di funzionamento interne all'azienda e le dinamiche competitive in atto nell'ambiente esterno.

Tali sistemi si focalizzano sull'intera catena dei processi aziendali e sul servizio offerto al cliente. Infatti, il loro supporto alla gestione aziendale è riscontrabile in termini di:

➢ integrazione delle attività, le procedure operative riferite ai diversi eventi gestionali sono sistematicamente correlate in modo da creare catene di processi (nel caso, ad esempio, del processo di acquisto, il sistema si occupa della segnalazione del fabbisogno di acquisto, della richiesta di acquisto, dell'autorizzazione di acquisto, del ricevimento merce e, infine, della liquidazione del debito nei confronti del fornitore);

➢ comunicazione;

➢ maggiore certezza dei processi decisionali, grazie ad informazioni aggiornate, tempestive e comuni alle diverse aree funzionali.

Si tratta, dunque, di uno strumento di elaborazione, coordinamento ed integrazione dei flussi informativi generati e/o utilizzati dalle diverse funzioni aziendali che sviluppano il processo gestionale all'interno di un unico modello di controllo.

Gli ERP rappresentano le più recenti soluzioni globali di pacchetti software applicativi, collegati tra loro in un insieme coordinato. Tutti i moduli lavorano insieme invece di funzionare come applicazioni separate eliminando attività

---

[82] "Un prodotto ERP ha una struttura modulare, ovvero è costituito da moduli differenti, adatti per ciascuna area funzionale dell'impresa, ma integrati gli uni con gli altri; ciò fa sì che alla logica funzionale si sposi quella per processi, in quanto si ha il presidio dei moduli sulle singole aree, ma la loro interconnessione ed integrità consente anche il presidio dei principali processi operativi aziendali ". F. Culasso, *Information Tecnology e Controllo di Strategico*, Giuffrè, Milano, 2004

doppie di controllo e verifica, secondo un orientamento al processo ed una visione unitaria delle attività operative.

Con un sistema tradizionale vi è un accentramento delle informazioni ai fini della rilevazione dei fatti amministrativi; uno stesso fatto amministrativo viene rilevato più volte a seconda del livello di informazione (tavola 2.5), mentre con l'ERP un fatto amministrativo viene rilevato una sola volta ed è valido per tutti i diversi livelli di informazione (tavola 2.4); tutti partecipano alla costruzione del sistema informativo; vi è un decentramento delle informazioni.

Tavola 2.4: Rilevazione contabile con un sistema ERP

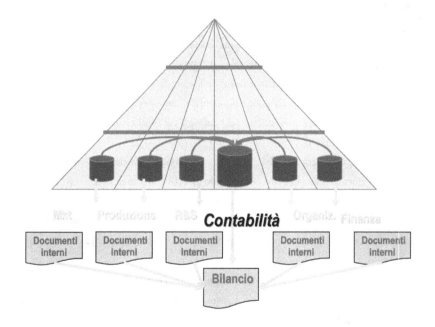

Tavola 2.5: Rilevazione contabile con sistema informativo tradizionale

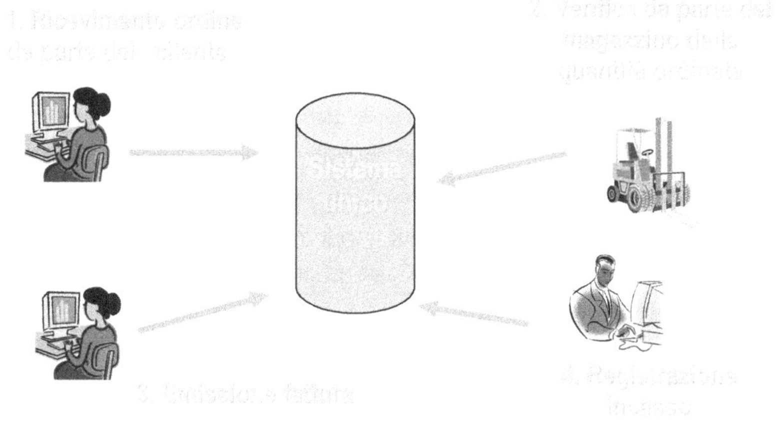

Le caratteristiche tecnologiche di un ERP sono elencate nei punti che seguono.

a. Una architettura *client server*[83] e cioè un comune personal computer che comunica con un computer con elevate capacità di calcolo grazie alla rete che può essere LAN - *Local Area Network*, MAN - *Metropolitan Area Network* o *Internet*. Sul *client* è installato un software di piccole dimensioni, sul *server* è installato l'ERP.

b. L'integrazione informativa cioè la standardizzazione delle modalità di definizione dei dati e armonizzazione della loro struttura e del loro contenuto, ottenuta mediante uno schema concettuale comune, trasversale e accettato da tutte le sorgenti dei dati. Significa evitare la frammentazione delle informazioni aziendali attraverso un *database*[84] che permette l'unicità del dato e la sua condivisione per le diverse informazioni. Con il sistema informativo integrato, il piano dei conti (l'insieme dei conti di un'impresa) é

---

[83] Trattata nel paragrafo 2.2.
[84] "Il database rappresenta l'organizzazione unitaria ed integrata del patrimonio di dati automatizzati di un'azienda, avente lo scopo di soddisfare in modo efficace ed efficiente le esigenze informative degli utenti." F. Culasso, *Information Tecnology e Controllo di Strategico*, Giuffrè, Milano, 2004

di tipo integrato, cioè permette mediante l'adozione di un'unica struttura e logica di codifica di soddisfare contemporaneamente e per via contabile esigenze informative di tipo diverso con valenze sia interne sia esterne. Il piano dei conti integrato prevede contestualmente la classificazione dei costi e delle spese sia per natura che per destinazione. Il conto è identificato da: denominazione (ad esempio "materia prima c/acquisti") e criterio di classificazione (numerazione contabile: 0001233245 – Materia prima X per prodotto Y c/acquisti - contiene tutte le informazioni).

    c. La modularità dell'applicazione. L'azienda tedesca SAP AG[85] ha un suo software ERP, SAP R/3 (tavola 2.6 e tavola 2.7), operante su architettura *client/server* e costituito dai seguenti moduli:

FI – Financial Accounting

CO – Controlling

PP – Production Planning

MM – Material Management

QM – Quality Management

SD – Sales and Distribution

HR – Human Resources Management

AIS – Audit Internal System

---

[85] L'azienda SAP – System Applications Products in Data Processing è oggi leader mondiale nelle soluzioni software per l'e-business. Le soluzioni SAP sono progettate per rispondere alle più specifiche esigenze di aziende di qualsiasi dimensione, dal mercato delle Piccole e Medie Imprese a quello Enterprise. Grazie a mySAP Business Suite, basata sulla piattaforma applicativa e di integrazione SAP NetWeaver, gli utenti aziendali di ogni parte del mondo possono migliorare i loro rapporti con clienti e partner, razionalizzare le operazioni e raggiungere l'efficienza nell'intero ambito delle supply chain. Numerose organizzazioni operanti nei più diversi mercati, dall'aerospaziale alle Utilities, possono supportare il proprio core business grazie a 25 soluzioni verticali pre-configurate di SAP. Oltre 24.450 aziende in più di 120 Paesi hanno portato a oltre 84.000 le installazioni di software SAP nel mondo. Con succursali in oltre 50 Paesi, la società è quotata su diversi listini, tra i quali la Borsa di Francoforte e il listino NYSE, con il simbolo "SAP". L'offerta tecnologica di SAP è quindi vasta:
- mySAP CRM: rapporti coi clienti
- mySAP ERP: l'ERP di SAP (R/3)
- mySAP PLM: (gestione dei prodotti (sviluppo, manutenzione, marketing, vendita, …)
- mySAP SRM: (gestione rapporti coi fornitori, e-procurement,…)
- mySAP SCM: gestione della Supply Chain (fornitori, produttori, distributori, clienti)

Fonte: www.sap.com/italy

Tavola 2.6: Rappresentazione grafica dei moduli che costituiscono il sistema SAP R/3

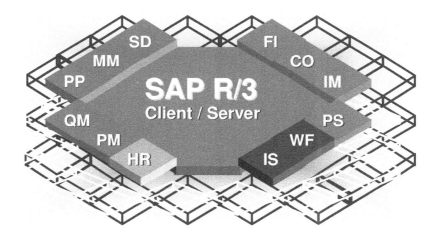

E' opportuno esporre una serie di considerazioni:

- la divisione in moduli è più logica che tecnologica;
- l'attivazione di ogni singolo modulo è indipendente da quella degli altri;
- le massime potenzialità di SAP vengono sfruttate con l'attivazione completa di tutti i moduli;
- SAP R/3 permette l'interfacciamento (in entrata e uscita) con altri sistemi, ma questa soluzione non è sempre l'optimum.

d. La configurabilità del sistema cioè la possibilità lasciata all'utente finale di definire le caratteristiche funzionali dei moduli attivati in accordo con la struttura dei processi operativi dell'azienda. I principali produttori ERP hanno studiato i loro software come prodotti standard, differenti a seconda dei settori di appartenenza. Il software standard non può essere alterato ma va "personalizzato", inserendo i dati dell'azienda ed armonizzando il flusso delle elaborazioni con le particolari procedure che l'azienda compie. La fase di "customizzazione" è a cura di consulenti/esperti.

Tavola 2.7: Videata di accesso di SAP R/3

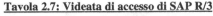
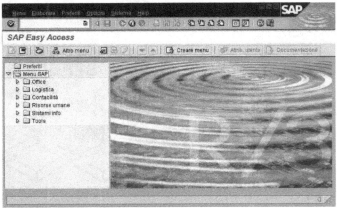

A partire dalla fine degli anni Novanta, inoltre, gli ERP hanno iniziato un processo di profonda trasformazione che li ha portati ad estendere il loro ambito d'integrazione dei processi aziendali oltre i confini delle aziende stesse. L'evoluzione degli ERP in tal senso è indicata con il termine E-ERP (Extended-ERP). Gli E-ERP rappresentano delle soluzioni funzionalmente capaci d'integrare e ottimizzare funzioni di *Supply Chain Management (SCM)* e *Customer Relationship Management (CRM)*, tecnologie Internet e modelli di gestione tipici dell'e-business, finalizzandoli al collegamento di catene di processi appartenenti ad aziende diverse[86].

---

[86] Nell'offerta tecnologica di SAP troviamo, oltre al già citato SAP (R/3) anche: mySAP CRM, mySAP PLM, mySAP SRM, mySAP SCM. Fonte: www.sap.com/italy

2.4 Il Sistema Informativo Direzionale: gli strumenti di supporto organizzativo gestionale. Data Warehousing e Business Intelligence

I sistemi informativi operativi tradizionali implementati nelle aziende sono stati storicamente costruiti aggiungendo applicativi differenti in tempi successivi. Successivamente hanno cominciato a diffondersi i *database* , archivi di dati. Il database per svolgere la funzione di raccoglitore centrale di dati necessita di un cervello in grado di organizzare e gestire i dati medesimi. Questo cervello è il DBMS - *Database Management System,* che è il *middleware*[87] che consente l'accesso ai programmi applicativi. Con le piattaforme integrate ERP i *database* sono diventati *relazionali* (RDBMS) ovvero consentono di gestire ed elaborare dati relativi a più archivi e le loro relazioni. Il *database relazionale,* proposto da Codd nel 1970, gestisce i dati come se fossero immagazzinati in tabelle a due dimensioni: *campi* (colonne) e *record* (righe). Tuttavia il modello relazionale presenta alcuni limiti, primo fra tutti che gestisce dati elementari e non documenti. In risposta a tali limiti, i produttori di database hanno realizzato prodotti di *Data Warehousing* che operano su basi di dati multidimensionali per applicazioni OLAP[88].

Nel primo capitolo abbiamo analizzato la scomposizione del sistema informativo in livelli decisionali e in sottosistemi informativi. Riprendiamola brevemente e su di un piano di analisi differente[89] (tavola 2.8):

---

[87] Il *middleware* può essere definito come quella porzione di software che si colloca tra il sistema operativo e gli applicativi, fornendo interfacce relativamente semplici per connettere le applicazioni. Paragrafo 2.1.

[88] OLAP è stato coniato da E.F. Codd & Associates in un paper dal titolo "Providing Olap to user analysis: and IT mandate" del 1993. Sono strumenti basati su un'analisi dimensionale e sul concetto di ipercubo, cioè i dati sono organizzati in array e questi array sono chiamati "cubi". Tale organizzazione permette di evitare le limitazioni di un normale database relazionale poiché i dati possono essere analizzati in più dimensioni in tempi ridotti. S. Brunozzi, *Business Intelligence: strumenti e software utilizzabili*, in Business Online, luglio 2006

[89] F. Culasso, *Information Tecnology e Controllo di Strategico*, Giuffrè, Milano, 2004

0. Il livello 0 è il livello del sistema informativo operativo, tradizionale o integrato (ERP) ed è la principale fonte di informazioni per il sistema direzionale;

1. Il livello 1 è costituito da processi che svolgono il ciclo di estrazione del dato operativo, trasformazione del medesimo al fine della produzione delle informazioni direzionali e caricamento delle informazioni così trasformate negli appositi archivi informatici (operazione di data entry);

2. Il livello 2 è costituito dai processi di memorizzazione ed organizzazione delle informazioni direzionali in una struttura utile per poi effettuare le analisi necessarie. Esistono varie forme di organizzazione e di memorizzazione, fra di esse quelle più spesso utilizzate per le basi di dati direzionali sono i *Data Warehouse*;

3. Il livello 3 è costituito da processi di analisi, elaborazione e presentazione delle informazioni da parte dei singoli utenti aziendali. Attraverso tecnologie OLAP si effettuano sulle informazioni contenute nelle basi dati direzionali le elaborazioni desiderate, consistenti in analisi multidimensionali di uno stesso indicatore sulla base delle quali si possono poi effettuare opportune previsioni e simulazioni di supporto ai managers. Si possono utilizzare anche altri strumenti di business intelligence, che vedremo nel seguito;

4. Il livello 4 è costituito da processi di accesso alle funzionalità del precedente livello 3 attraverso strumenti quali, Intranet, Internet ed altri canali elettronici.

Tavola 2.8: I livelli della struttura del Sistema Informativo

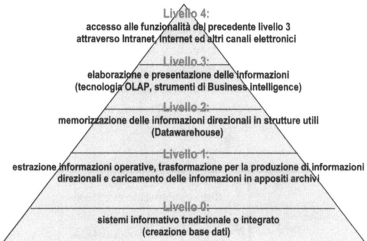

Quanto scritto e schematizzato nella tabella 2.8 ha una sua logica circolare e funzionale[90] alla presa di decisioni in azienda, quindi al Sistema Informativo Direzionale. In particolare, il Sistema Informativo Direzionale ha il compito di interfacciarsi con il Sistema informativo Operativo, sia esso di tipo ERP o tradizionale, per sfruttarne il patrimonio dati esistente. Tale patrimonio di dati diviene oggetto di estrazione, rielaborazione e memorizzazione in sottoinsiemi del *Data Warehouse*[91], i *Data Mart*[92], con la finalità di giungere a *report* di sintesi significativi per comprendere l'andamento delle principali variabili di

---

[90] Si veda tabella 2.9

[91] Secondo Gartner Group, un Data Warehouse è "una piattaforma sulla quale vengono archiviati e gestiti dati provenienti dalle diverse aree dell'organizzazione. Tali dati sono aggiornati, integrati e consolidati dai sistemi di carattere operativo per supportare tutte le applicazioni di supporto alle decisioni" www.gartner.com

[92] Il Data mart è un sottoinsieme logico dell'intero data warehouse. Un data mart è la restrizione del data warehouse a un singolo tema e un data warehouse è l'unione di tutti i suoi data mart.

business[93]. Ciò avviene attraverso un motore di calcolo (tecnologia OLAP), che può diventare un vero e proprio motore di analisi evoluta, o attraverso un motore di presentazione. Gli strumenti che supportano le attività di calcolo ed analisi evoluta e di presentazione dei dati, vengono genericamente definiti come strumenti per la *Business Intelligence*. All'interno dell'azienda l'accesso alle informazioni "direzionali " prodotte avviene attraverso connessioni in rete, via Intranet, o per coloro che stanno all'esterno dell'azienda avviene con una Extranet o attraverso il Web.

Tavola 2.9: Architettura del Sistema Informativo Direzionale

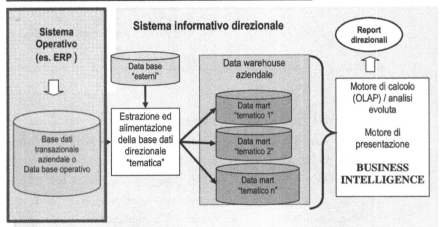

---

[93] Un data warehouse viene mantenuto separato dalle basi di dati operazionali perché non esiste un'unica base di dati operazionale che contiene tutti i dati di interesse, la base di dati deve essere integrata, i dati di interesse sarebbero comunque diversi (devono essere mantenuti dati storici e devono essere mantenuti dati aggregati).

2.4.1 Il processo di *Data Warehousing*

Un sistema di *Data Warehouse*, oltre ad essere una struttura di memorizzazione dati più evoluta del semplice *database*, è un processo complesso che parte dall'estrazione dei dati operativi per arrivare alla trasformazione degli stessi sino alla presentazione delle informazioni. Questo processo prende nome di *Data Warehousing*. Il *Data Warehouse*, quindi, non è un prodotto da acquistare ed installare in azienda, ma un vero e proprio Sistema Informativo Direzionale che ricorre a tecnologia software ed hardware.

Nel momento iniziale di implementazione di un Sistema Informativo Direzionale è essenziale una *Business Analysis*, cui segue la fase di sviluppo del "magazzino" fisico e degli applicativi; tali fasi vengono realizzate ad inizio progetto e reiterate a seconda delle modifiche intervenute nel business, nelle esigenze conoscitive o nelle tecnologie disponibili.

Il processo di *Data Warehousing* deve essere supportato da strumenti e tecnologie che interrogano le basi di dati direzionali aziendali[94], sia di tipo relazionale che di tipo multidimensionale, e consentono l'elaborazione dei dati secondo schemi/modelli: le tecnologie OLAP[95]. Nelle interrogazioni OLAP di un *data warehouse* o di un *data mart* le dimensioni di un indicatore sono assi di una matrice multidimensionale, detta *ipercubo*. Ogni lato dell'ipercubo rappresenta una dimensione ed ogni sottocubo contiene dati aggregati di un certo indicatore o delle dimensioni considerate.

A titolo esemplificativo si veda la rappresentazione grafica proposta nella tavola 2.10. Sono state scelte le dimensioni tempo, quantità, mercati, prodotti, vendite per l'indicatore fatturato. Ogni dimensione ha al suo interno altri elementi (ad esempio la dimensione tempo dell'indicatore fatturato avrà al suo interno l'elemento giorno, settimana, mese, trimestre, anno, e così via).

---

[94] Vitt E., Luckevich M., Misner S., *Business Intelligence Microsoft Press*, Washington, 2002
[95] La differenza tra una tecnologia OLAP e una OLTP (*On Line Transaction Processing*) sta proprio nel fatto che quest'ultima interrogando basi di dati transazionali sfrutta procedure preconfigurate; invece, le tecnologie *On Line Analytical Processing* interrogando database direzionali pongono in essere un'analisi interattiva.

Tavola 2.10: Esempio di struttura di un *ipercubo* per l'indicatore fatturato

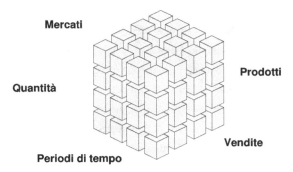

La possibilità di suddividere ogni dimensione in diversi livelli di dettaglio aggregati è il requisito principale di un sistema OLAP.

Il processo di *Data Warehousing* è caratterizzato dalla presenza di soggetti aventi ruoli differenti. Al di là delle figure professionali (*database Administrator, designer dei dati, il programmatore delle applicazioni*), stabilmente impiegate in azienda, dotate di competenze e conoscenze tecniche cioè utilizzo di linguaggi informatici e di software di gestione delle basi dati, vi sono soggetti che presidiano il sistema di controllo gestionale: i *controller*. Il controller è una figura di mediazione tra i manager - *decision maker*, che sono gli utenti finali, e i tecnici dei Sistemi Informativi

Le tecnologie OLAP vengono utilizzate in azienda per far si che i *controller* ed i *decision maker* possano reperire le informazioni di cui hanno bisogno in modo autonomo ed interattivo, pur non essendo esperti di IT. Il manager pensa e "domanda direttamente" alla macchina che fornisce le risposte grazie alle tecnologie di interrogazione dei database direzionali. Il *decision maker* interroga il database, cioè crea della query, senza conoscere linguaggi di programmazione particolari come l'SQL, ma semplicemente disponendo di una interfaccia utente (GUI), fatta di icone, menù a tendina e semplici operazioni di navigazione. E' sufficiente che l'utente definisca le dimensioni di interesse.

La tavola che segue mostra la videata di uno strumento di *Business Intelligence;* il monitor è diviso in due parti: a sinistra un elenco a cascata delle varie viste di analisi e a destra la sezione destinata a contenere l'area di creazione e visualizzazione dei reports. Con semplici operazioni, che divergono fra prodotto e prodotto, vengono selezionate le dimensioni di interesse (periodo, misure, area geografica, …) ed automaticamente viene generato il report.

Tavola 2.11: Front-end di uno strumento di Business Intelligence[96]

Con gli strumenti OLAP, dunque, si predispone l'ipercubo, che si ritiene debba servire alle analisi dei soggetti aziendali; successivamente, intervengono gli strumenti software con i quali effettuare in concreto tali analisi. Si tratta di strumenti di Business Intelligence, che partendo dalle interrogazioni OLAP

---

[96] Hyperion Analyzer di Hyperion Solutions Corporation

multidimensionali previste, consentono di presentare di volta in volta i dati e le informazioni ottenute.

2.4.2 La *Business Intelligence:* processi, tecnologie, informazioni e conoscenza

Sono sempre più numerosi gli articoli, gli speciali di riviste, i libri, le conferenze che trattano i temi della *Business Intelligence* e l'introduzione di essa in azienda. Anche all'interno delle Università italiane questi temi cominciano a essere trattati con caratteri di sistematicità. Segno forse di un affermato interesse da parte delle aziende verso sistemi che consentono di migliorare i processi decisionali. Per decenni molte delle tecnologie che oggi vengono comprese nella *Business Intelligence*, nonostante fossero consolidate e disponibili da anni, erano considerate per soli "cervelloni", che studiano e lavorano su tematiche, tecnologie, teorie astratte difficilmente applicabili in ambito aziendale.

La *Business Intelligence* a distanza di alcuni anni ha avuto la propria rivincita dimostrando che le sue tecnologie potevano essere ampiamente impiegate in ambito aziendale per contribuire a far conseguire addirittura quel vantaggio competitivo tanto sospirato dal management.

Il termine *Business Intelligence*[97] è stato coniato nel 1989 da Howard Dresner, analista di Gartner Group[98], per indicare una classe di applicazioni e strumenti informatici in grado di venire incontro ai bisogni informativi dei manager aziendali. Da allora viene utilizzato, e talvolta abusato, per indicare la più ampia categoria di strumenti e sistemi per la reportistica direzionale e per il supporto alle decisioni. Quando si parla di *Business Intelligence* si fa riferimento a:

---

[97] Gartner Group definisce la BI: "Business Intelligence describes the enterprise's ability to access and explore information, often contained in a Data Warehouse, and to analyze that information to develop insights and understanding, which leads to improved and informed decision making. BI tools includes: ad hoc query, report writing, decision support systems (DDSs), exsecutive information systems (EISs) and, often, techniques such us statistical analysis and on line analitycal processing (OLAP)". Fonte: www.garten.com

[98] La Gartner è una società di consulenza e ricerca tecnologica con oltre 10.000 clienti nel mondo. L'attività principale si svolge nei campi della ricerca, consulenza, benchmarking, eventi e notizie. L'azienda è stata fondata nel 1979 da Gideon Gartner, che l'ha lasciata nel 1992 per fondare Giga. Tra i suoi successi ricordiamo la creazione dell'indice e della metodologia di calcolo TCO. La sede principale è a Stamford, Connecticut negli Stati Uniti. Ha oltre 3.800 associati, includendo circa 1.000 analisti e consulenti, in oltre 75 sedi a livello mondiale.

◆ Un insieme di **processi** di business. Le organizzazioni raccolgono informazioni per trarre valutazioni e stime riguardo al contesto aziendale proprio e del mercato cui partecipano e utilizzano le informazioni raccolte attraverso un sistema di business intelligence per incrementare il loro vantaggio competitivo. Generalmente le informazioni vengono raccolte per scopi direzionali interni e per il controllo di gestione. I dati raccolti vengono opportunamente elaborati e vengono utilizzati per supportare concretamente - sulla base di dati attuali - le decisioni di chi occupa ruoli direzionali (capire l'andamento delle performance dell'azienda, generare stime previsionali, ipotizzare scenari futuri e future strategie di risposta). In secondo luogo, le informazioni possono essere analizzate a differenti livelli di dettaglio per qualsiasi altra funzione aziendale: marketing, commerciale, finanza, personale o altre.

Le fonti informative sono generalmente interne, provenienti dai sistemi informativi aziendali ed integrate tra loro secondo le esigenze. In senso più ampio possono essere utilizzate informazioni provenienti da fonti esterne come esigenze della base dei clienti, pressione stimata degli azionisti, trend tecnologici o culturali fino al limite delle attività di spionaggio industriale. Ogni sistema di business intelligence ha un obiettivo preciso che deriva dalla vision e dagli obiettivi della gestione strategica di un'azienda.

◆ La **tecnologia** utilizzata in tali processi. Il software utilizzato ha l'obiettivo di permettere alle persone di prendere decisioni strategiche fornendo informazioni precise, aggiornate e significative nel contesto di riferimento. Ci si può riferire ai sistemi di business intelligence anche con il termine "sistemi per il supporto alle decisioni", anche se l'evoluzione delle tecniche utilizzate rende la terminologia suscettibile di ammodernamenti.

Con il termine B*usiness Performance Management* ci si può riferire a sistemi di business intelligence di nuova generazione anche se la distinzione tra i due termini è spesso non percepita. Le persone coinvolte nei processi di business intelligence utilizzano applicazioni software, strumenti e prodotti ed altre tecnologie per raccogliere, immagazzinare, analizzare e distribuire le informazioni.

Tra i software attualmente presenti sul mercato citiamo:

- ETL tool per l'estrazione, trasformazione e caricamento dati (*Extract-Transform-Load*)
- *Data warehouse* per l'archiviazione e immagazzinamento
- Modellazione dati e strumenti per definire le logiche di business e le regole del business
- OLAP (*Online Analytical Processing*) per l'analisi dimensionale di ipercubi di dati
- *Balanced scorecard*
- Sistemi di Reportistica Evoluti
- GIS o sistemi informativi geografici
- AQL - *Associative Query Logic*
- Gestione delle performance del Business
- Archiviazione documenti
- Analisi dei documenti

Tra i prodotti commerciali attualmente presenti sul mercato citiamo:

- Actuate
- Alphablox
- Applix
- Axsellit
- Business Objects
- Cognos
- Cyberscience
- Information Builders

- Hyperion Solutions Corporation
- KCI Computing
- Lilith Enterprise by Hicare
- MaxQ Technologies
- Metrinomics - Metrivox
- Microsoft Analysis Services
- MicroStrategy
- OutlookSoft
- Panorama
- ProClarity
- Oracle Corporation
- QlikView
- Siebel Systems
- SAP Business Information Warehouse
- SAS Institute
- Saksoft
- Synola Ltd

- Le **informazioni** ottenute da tali processi. In letteratura la *Business Intelligence* viene citata come il processo di trasformazione di dati e informazioni in conoscenza.

Di fatto, il Sistema Informativo Direzionale è costituito da un insieme di processi, tecnologie ed applicazioni che trasformano i dati in informazione, l'informazione in conoscenza e la conoscenza in piani aziendali, e che, sempre più nel mondo aziendale, vengono definiti *Business Intelligence.*[99]

---

[99] "The Data Warehouse Institute defines BI as the process, tecnologies and tools needed to turn data into information, information into Knowledge, and knowledge into plans that drive profitable business action. BI encompasses data warehousing, business analytical tools and content/knowledge management". D. Loshin, *Business Intelligence: The Savvy managers Guide*, Morgan Kaufmann Publishers, San Francisco, 2003

A livello di software e sistemi, cioè di tecnologia, la BI è rappresentata da una vasta serie di prodotti che presentano caratteristiche affini, spesso modulari.[100] Si va da un'applicazione in grado di analizzare ed elaborare i dati restituendoli sotto forma di report e grafici, a sistemi complessi capaci di gestire anche l'introduzione di dati teorici e variabili non comprese tra i dati del *data warehouse,* così da ipotizzare l'andamento del business con premesse del tipo "what if..." cioè "cosa accadrebbe se...". Si possono analizzare sia in maniera multidimensionale i dati, sia simulare scenari di sviluppo.

In generale, i vantaggi competitivi connessi all'uso di strumenti di *Business Intelligence* variano in base alla tempestività, alla capacità di simulazione, alla facilità d'uso e soprattutto in base alla certezza del dato.

La realtà certamente è molto più complessa di quello che appare. Sulla base delle esperienze condotte in Italia e all'estero, molte società di consulenza hanno individuato *best practice* per la realizzazione di sistemi di BI altre hanno raffinato metodologie di sviluppo, ciascun operatore ha contribuito a suo modo per cercare di ridurre i tassi di fallimento dei progetti di *Business Intelligence.*

Ma allora quali sono i principali fattori critici da valutare in un progetto di *Business Intelligence* perché si riescano a ottenere vantaggi duraturi e in grado di sostenere gli orientamenti strategici delle imprese?

Una ricerca condotta sulle maggiori banche italiane dal CeTIF, Centro di Tecnologie Informatiche e Finanziarie dell'Università Cattolica di Milano, ha evidenziato che i principali fattori critici da valutare sono[101]:

- Identificazione e classificazione degli obiettivi di business. Come in ogni progetto informatico, è necessario individuare in modo completo e corretto gli obiettivi di business che gli utenti intendono conseguire affinché la tecnologia si allinei ad essi. A ciò è utile associare una

---

[100] Shinynews, *Business Intelligence:conosciamola meglio,* in Business Online, maggio 2006
[101] "I progetti di BI. Le variabili critiche di successo secondo F. Rajola, docente presso la facoltà di economia dell'Università cattolica di Milano e direttore del CETIF" in Insight On-Line, Business Objects Italia, inverno 2003. www.italy.businessobjects.com

approfondita conoscenza dei sistemi legacy e dei sistemi ERP[102] per comprendere quali siano le migliori soluzioni architetturali e come alimentare i nuovi sistemi. Scelta che può sembrare banale, ma che certamente richiede di comprendere le modalità di utilizzo dei dati transazionali, i tempi di allineamento dei dati con le soluzioni di *Business Intelligence*, l'identificazione e l'integrazione con fonti informative esterne, la granularità dei dati, la dimensione temporale degli archivi, e così via. Inoltre, è necessario che nelle fasi di analisi emerga in modo chiaro che le logiche di realizzazione devono essere il più possibile svincolate da quelle dei sistemi transazionali.

Infine, appare importante evidenziare che spesso nell'alimentazione degli archivi per le soluzioni di *Business Intelligence* (*data mart* o *data warehouse*) raramente si prendono in considerazione quali saranno poi a regime i sistemi di analisi che verranno applicati sui dati.

➧ L'information quality. Il solo *data warehouse* non garantisce l'*information quality*. Essa è però una premessa necessaria[103]. Diventa sempre più importante la certificazione dei dati da applicare con metodologie rigorose e caratteri di sistematicità. La mancata o non sistematica certificazione porta inevitabilmente a basi informative che nel tempo perdono valore. Ciò anche con riferimento al prospettico allineamento tra *data warehouse* e mutamento degli obiettivi di business dell'azienda. Le operazioni di *information quality* sono quindi diffuse e in fase di continua manutenzione/aggiornamento. Inoltre, la qualità dell'informazione non può prescindere dai problemi di business e degli utenti, dal fabbisogno informativo che alimenta il processo di *decision*

---

[102] "Una soluzione di BI si rivela vincente quando integrata nei sistemi informativi aziendali esistenti". Shinynews, *Business Intelligence. tecnologie e strategie aziendali devono andare nella stessa direzione*, in Business Online, giugno 2006
[103] "Consistenza ed accuratezza dei dati nella fase di implementazione del data warehouse sono decisivi perché in seguito la BI possa fornire le più corrette indicazioni". Shinynews, *Business Intelligence. tecnologie e strategie aziendali devono andare nella stessa direzione*, in Business Online, giugno 2006

making, dalla completezza e rilevanza delle informazioni, dalla tempestività delle informazioni, dalla consistenza delle informazioni.

⤣ La logica di sviluppo basata sugli utenti e legata al soddisfacimento delle esigenze delle singole aree di business. E' necessario comprendere dettagliatamente le esigenze di tutte le aree di business dell'azienda e, attraverso meccanismi motivazionali e progettuali coerenti, ricercare elevati livelli di *commitment* degli utenti che diventano i veri padroni delle soluzioni di *Business Intelligence.* Ciò anche attivando cantieri di lavoro[104] tesi a condurre attività di formazione per gli utenti finalizzate a una migliore comprensione degli aspetti tecnologici per realizzare soluzioni stabili e complete.

⤣ La classificazione per tipologia di utente. La classificazione per tipologia di utente richiede l'identificazione delle modalità di interazione di ogni singolo utente con il sistema e con il tipo di informazione disponibile. E' necessario quindi comprendere a fondo i bisogni del singolo utente, il ruolo di ognuno di essi in azienda e le modalità di interazione con il sistema degli stessi utenti. Si avverte quindi la necessità di "segmentare" gli utenti in gruppi omogenei (informazioni a cui sono interessati, attività, ruoli, etc.).

⤣ Il processo di selezione dei prodotti da utilizzare. Dopo aver classificato gli utenti sembra importante condurre una attività di individuazione dei prodotti/soluzioni[105] in base alla stessa classificazione degli utenti, alle funzionalità e alla modalità di utilizzo/interazione con il sistema. Le variabili che in questo caso possono essere prese in considerazione sono: la gamma di funzionalità richieste delle soluzioni (e le caratteristiche di

---

[104] Normalmente la realizzazione del data warehouse viene affidata al comparto IT. L'IT ha sicuramente la capacità tecnica di svilupparlo, ma può essere distante dal recepire quali siano i reali bisogni degli utenti. A loro volta questi hanno spesso capacità e conoscenze informatiche non sufficienti allo sviluppo tecnologico. La soluzione può arrivare dalla costituzione di un team di lavoro dedicato, in cui entreranno i tecnici, i controller, gli addetti al business e i consulenti esterni. Shinynews, *Business Intelligence. tecnologie e strategie aziendali devono andare nella stessa direzione*, in Business Online, giugno 2006

[105] Una comparazione tra le diverse soluzioni presenti sul mercato è indispensabile per capire quale soluzione sia la più adatta alle esigenze aziendali. E' opportuno definire bisogni ed obiettivi in modo da poter svolgere un'opportuna ricerca di mercato.

queste: flessibilità, scalabilità, etc.) e le modalità di utilizzo per tipo di utente.

+ Le modalità di distribuzione delle informazioni. Le modalità di distribuzione ed elaborazione delle informazioni possono essere individuate seguendo due criteri: per tipo di utilizzo e per tipo di supporto. Le caratteristiche principali del primo sono: la mobilità dell'utente, la frequenza di utilizzo, il grado di complessità dell'analisi, la complessità dei dati, l'ampiezza di banda disponibile, la frequenza di modifica dei dati, i livelli di condivisione delle applicazioni, la scalabilità, il costo per utente. Le caratteristiche principali del secondo riguardano le modalità di interazione con il sistema per tipo di supporto e in relazione all'architettura: personal computer (o comunque non connessi in modo permanente alla rete), client/server, basata su tecnologie internet (intranet, extranet).

+ Gli adeguamenti organizzativi. I principali adeguamenti organizzativi che derivano dall'introduzione di sistemi di business intelligence di supporto ad attività decisionali di tipo non strutturato sono:
- gli interventi di change management;
- il decentramento delle attività;
- l'adeguamento delle competenze tecnologiche delle unità di business;
- l'adeguamento delle competenze di business delle persone della funzione sistemi;
- la nascita di nuove figure professionali quali ad esempio lo specialista di applicazioni di business intelligence, lo specialista di data preparation, l'esperto di sistemi statistici, altre figure per la gestione dei sistemi di data mining e di data warehouse.

La ricerca CeTIF, oltre a quanto finora esposto, si conclude evidenziando che non esiste la *one best way* per la realizzazione di sistemi di *Business Intelligence* e che gli adeguamenti organizzativi e delle competenze rivestono un ruolo fondamentale per la realizzazione di sistemi efficaci.

L'approccio "vincente" può dipendere dalle contingenze organizzative di ciascuna azienda quali la cultura, l'ambiente interno ed esterno, la capacità del fornitore/*system integrator* scelto, il grado di aderenza dei prodotti scelti alle necessità dell'azienda, la validità dell'approccio e della soluzione da adottare.

Fino a pochi anni fa, e in parte ancora oggi, le soluzioni di *Business Intelligence* erano una prerogativa delle grandi aziende. Approccio culturale, costi e struttura delle applicazioni le rendevano inadatte alle piccole e medie imprese. Oggi resta da superare solo l'ostacolo culturale, poiché le varietà di soluzioni sul mercato sono andate sempre più nella direzione di software e applicativi adatti alle PMI, sia in termini di costi che in termini operativi.

Tuttavia, parere di chi scrive è che la *Business Intelligence* si rivela altamente produttiva quando è parte integrante e perno di una strategia aziendale precisa. In particolare, contenimento dei budget e riduzione dei costi, report puntuali e decisioni più veloci sono i plus che i sistemi di BI possono offrire alle grandi realtà aziendali ed alle piccole e medie imprese. Tutto questo però non deve essere l'esigenza del momento, ma la regola sottostante alla rivoluzione dei processi, che passano da un'analisi incerta e percettiva del manager ad un'analisi oggettiva, incontestabile e quindi più certa e autorevole.

Capitolo 3: Il Controllo di Gestione tra tradizione ed innovazione

3.1 Prime considerazioni

Nel precedente capitolo è stata definita la *Business Intelligence* come un insieme di metodologie e strumenti che consentono la ricerca e l'aggregazione ottimale dei dati presenti in un'organizzazione, che supportano le attività strategiche e di controllo e che rendono coordinate ed integrabili le varie funzioni organizzative.

Nella catena del valore la conoscenza è massima se ogni anello viene gestito intelligentemente. Le informazioni da essa generate, se circolarizzate, integrate e collegate tra i vari anelli, concorrono a formare e migliorare la conoscenza di ogni area operativa, promuovendo l'interattività in tempo reale e trasformando il lavoro dei singoli in lavoro di squadra.

L'avvento dell'era dell'informazione negli ultimi decenni del XX secolo, ha reso obsoleti molti dei presupposti essenziali della concorrenza nell'età industriale. La portata di alcuni cambiamenti è tale da mettere in discussione, sia in campo accademico che all'interno delle aziende stesse, l'efficacia di schemi, procedure e strumenti noti e consolidati.

I nuovi imperativi competitivi (flessibilità, qualità, innovazione, tempestività), spingono le aziende ad organizzarsi per processi (o quantomeno a rivedere l'organizzazione funzionale tradizionale).

Il monitoraggio della gestione non cerca più di seguire ogni scostamento dei valori previsti a budget, ma si limita a seguire l'andamento dei fattori critici di successo incentrando la propria attenzione sui processi chiave legati ai più significativi scopi strategici. Cambiano i processi operativi ed i meccanismi operativi e, tra questi, il controllo di gestione contestualmente ai sistemi informativi: la focalizzazione sui processi richiede, infatti, l'adattamento dei sistemi informativi tradizionali, per monitorare le operazioni anche lungo questa dimensione di analisi.

Alcuni limiti degli attuali sistemi di controllo trovano fondamento nell'inadeguatezza degli strumenti utilizzati. Il budget, per esempio, se usato come unico strumento di controllo, rischia di rappresentare una barriera al successo competitivo, in quanto non è stato pensato per gestire attività intangibili; "ingessa" l'azione, perchè induce comportamenti che mirano ad attenersi al programmato; indirizza l'attenzione dei manager esclusivamente sulla dimensione economico-finanziaria della gestione. Allo stesso modo, il report economico-finanziario segnala con ritardo l'evoluzione delle performance aziendali e mette a disposizione poche informazioni sulle attività intangibili ed i clienti.

Per realizzare un controllo efficace nell'era dell'informazione non basta ridurre la centralità del tradizionale binomio budget-report; è invece opportuno intervenire sia sugli aspetti di processo, sia su quelli di strumentazione. Per quanto riguarda la strumentazione, nel corso degli ultimi anni, è stata proposta una varietà di strumenti piuttosto ampia, ma un ruolo di primo piano spetta certamente ai sistemi informativi integrati e agli strumenti di Business Intelligence.

Nel secondo paragrafo di questo capitolo tratteremo del controllo di gestione, presentando una disamina della dottrina in materia che non vuole essere esaustiva ma strumentale al prosieguo della trattazione; nel terzo paragrafo definiremo il sistema di controllo di gestione come parte del più ampio *Management System;* nel quarto paragrafo evidenzieremo i vantaggi più importanti prospettati dai sistema Erp, legati alla possibilità di integrare l'intero sistema informativo aziendale, che costituisce il supporto essenziale alle decisioni sia di programmazione che di controllo di gestione. A tale proposito è opportuno sottolineare come un sistema integrato è in grado di produrre informazioni non duplicate e, di conseguenza, con molta più probabilità rispetto al passato, condivise, e disponibili in tempo reale: si tratta di caratteristiche di notevole rilievo nell'ottica dell'utilizzo delle informazioni per il controllo di gestione.

L'adozione di un sistema Erp o di strumenti di BI non costituisce in sè un vantaggio competitivo; quest'ultimo probabilmente rimane ancorato alle *"core competence"*, le quali sono percepite dallo stesso cliente quale fonte di vantaggio competitivo. Gli scenari più interessanti però si intravedono nelle *chances* che un sistema integrato o direzionale può concedere ad un'azienda che sfrutta l'occasione del progetto di implementazione per reingegnerizzare i propri processi e rivedere i rapporti con i propri *business partners*, siano essi clienti, fornitori, o in generale *stakeholders* variamente interessati alle sorti dell'azienda. In tali contesti, infatti, i sistemi Erp vanno ad interagire con tutta una serie di strumenti, dalla Business Intelligence alle tecniche *Olap* ed al *Datawarehousing*, ed a sfruttare le più recenti tecnologie Internet, aprendo ad un'azienda attenta a percepire i cambiamenti nel contesto competitivo molte opportunità.

Dunque, fra i patrimoni non visibili a bilancio, in grado di condizionare la capacità di un'impresa di rispettare nel tempo il principio di economicità, si deve considerare il patrimonio dei sistemi operativi. Questi sistemi sono quelli attraverso i quali si stabiliscono le modalità di funzionamento della struttura organizzativa di un'impresa. Tra questi hanno dimostrato di avere particolare rilievo nella gestione d'impresa i sistemi di pianificazione strategica e quello di controllo di gestione.

Il sistema di controllo di gestione ha come obiettivo prioritario quello di aiutare i vertici aziendali a guidare l'impresa verso i propri obiettivi strategici e, in particolare, a compiere scelte funzionali alla creazione di valore economico. I sistemi di controllo di gestione sono posti a diretta salvaguardia della finalità di creazione di valore economico. In questa accezione, il sistema di controllo di gestione deve essere considerato come parte del più ampio *Management System* (Sistema di Direzione), finalizzato a gestire e indirizzare l'azienda verso gli obiettivi strategici e di redditività prescelti, minimizzando i rischi di percorso (*business risk*). Accanto ad esso si devono prevedere altri sistemi operativi, anch'essi come parte del sistema di direzione, che consentono di comporre una serie di decisioni in via anticipata rispetto allo svolgersi della gestione (i sistemi di pianificazione strategica) e che svolgono un'azione di rinforzo rispetto al conseguimento degli obiettivi aziendali (il sistema di ricompensa, carriera ed incentivi).

Tutto ciò premesso è indispensabile che sia chiaro il concetto di controllo di gestione elaborato dalla dottrina, costituendo esso l'elemento di continuità nell'evoluzione.

3.2 Sul concetto di controllo di gestione in dottrina. Elemento di continuità nell'evoluzione

"Le aziende sono dotate di vita propria e riflessa: di vita propria, perché il moto di ciascuna azienda è differente da quello di ogni altra e dal moto stesso del sistema economico generale; di vita riflessa, perché un'azienda avulsa dal mercato e dall'ambiente non è concepibile, ritrovando essa in questi elementi le sue ragioni essenziali di vita"[106] .

Il nostro tempo è caratterizzato da repentini e innumerevoli cambiamenti economici, culturali, politici e sociali che costringono le aziende alla continua ricerca di un equilibrio economico ed al tempo stesso, come risposta, hanno determinato nuove filosofie di amministrazione aziendale, sviluppato tecniche, strumenti e procedimenti di gestione e controllo sempre più sofisticati.

Il controllo di gestione sta vivendo oggi una vera e propria rivoluzione, l'impiego di tecniche avanzate di controllo sta diventando un elemento fondamentale di differenziazione competitiva sul mercato mondiale. Si parla oggi di un nuovo stato dell'arte del management che sta prendendo forma a livello internazionale e che sta portando non solo alla trasformazione delle tecniche specifiche del controllo ma anche e soprattutto verso una nuova visione d'impresa, dei suoi obiettivi, delle sue relazioni con l'esterno, delle tecniche di gestione.

In tale ottica si inquadra la presente analisi: partendo dal concetto di "controllo di gestione", nelle sue varie accezioni in dottrina, si soffermerà sull'aspetto del controllo applicabile all'attività strategica, cioè a quella parte dell'attività gestionale della azienda volta ad esprimere, in consonanza con l'ambiente dinamico ed in evoluzione che la circonda, un comportamento attento ai cambiamenti e capace di esprimere la sua strategia.

Grazie al controllo strategico, l'impresa può verificare la misura in cui il sistema aziendale procede verso il raggiungimento dei propri obiettivi ed attua i relativi

---

[106] E. Giannessi, *Le aziende di produzione originaria*, Curzi, 1960

programmi strategici, in rapporto all'evolvere delle pressioni e delle tendenze ambientali.

Il termine controllo presenta difficoltà di interpretazione dovute non al suo significato ma alle implicazioni che tale significato genera a seconda della materia oggetto del controllo.

Si può comunque affermare che l'attività di controllo, fondamentalmente è un'attività di verifica, di riscontro tra "…la via percorsa e quella tracciata a priori come la più idonea per il raggiungimento degli obiettivi di impresa"[107]. Tale interpretazione è quella tradizionale del secolo scorso, formulata in altri termini dal Besta: "…io intendo per controllo economico quella parte dell'amministrazione per cui tutto il lavoro economico si rileva e si studia nelle sue cause e nei suoi effetti al fine di poterlo con fondata conoscenza dirigere e si stimola e si vincola, di guisa che abbia in tutto a procedere in quei modi i quali, o dalla autorità eminente o da altri, per delegazione sua diretta o indiretta, furono riconosciuti più vantaggiosi e come tali preferiti" [108].

La definizione data al controllo dal Besta è quella tradizionale della ragioneria, nonché quella attribuita nel significato francese, in base alla quale un'attività di controllo è possibile laddove esiste preordinazione nelle attività gestionali.

Il significato diviene più ampio nell'accezione anglosassone, dove si parla non solo di riscontro, ma anche di governo dell'impresa; la verifica è fatta per eccezioni e serve per capire dove sta andando l'impresa. Ecco quindi che il controllo diventa, secondo il significato anglosassone, una funzione manageriale, esercitata tramite un confronto fra andamenti previsti e andamenti verificatisi.

Nella realtà aziendale, il concetto di controllo viene preso in ambedue i significati: è una conclusione a cui giungono due autori, Otley e Berry, analizzando la definizione di controllo dal Webster's Dictionary: "Il controllo consiste nell'applicazione di politiche e procedure per la direzione, la regolazione

---

[107] I. Marchini, *La contabilità preventiva di esercizio e la contabilità dei costi nella impresa industriale*, Giappichelli, 1985
[108] F. Besta, *La Ragioneria Vol. II°*, Vallardi, 1922

e il coordinamento della produzione, dell'amministrazione e delle altre attività aziendali, in maniera da raggiungere gli obiettivi dell'impresa"[109] .

Si può dare allora una prima definizione di controllo di gestione come quell' "insieme di azioni responsabili volte alla realizzazione degli obiettivi stabiliti in sede di pianificazione e programmazione"[110] o meglio ancora come il "processo con cui la direzione aziendale si assicura che le risorse vengano acquisite ed impiegate in modo efficace ed efficiente in vista del raggiungimento degli obiettivi di fondo esplicitati in sede di pianificazione strategica"[111].

La parola "gestione" deriva dal latino "gero" che, tra i vari significati, presenta anche quello di dirigere, amministrare, dunque il controllo di gestione è "governo o direzione d'impresa"[112].

Possiamo schematicamente descrivere il concetto di "governo aziendale" attraverso i tre processi fondamentali che lo compongono[113]:

a) gestione

b) organizzazione

c) rilevazione

La gestione, per dirla con l'Amaduzzi, ha il compito di "determinare in relazione alle condizioni ambientali, le correlazioni simultanee e successive più convenienti di operazioni per il raggiungimento di fini aziendali"[114]. Tali operazioni sono l'acquisto e la trasformazione dei fattori produttivi, nonché la distribuzione sul mercato dei prodotti fisici che si ottengono.

---

[109] Cfr. E. Santesso P. Ferrarese, *Controllo di gestione: limiti e prospettive di sviluppo*, Ed. ISEDI, 1990

[110] A. Bandettini, *Controllo di gestione: aspetti tecnico – contabili*, Cedam, Padova, 1980

[111] L. Brusa L. Zampogna, *Pianificazione e controllo di gestione. Creazione del valore, cost accounting e reporting direzionale: tendenze evolutive*, Etas, Milano, 1991

[112] Si esprime in tal senso il Brunetti: "Controllo sta quindi per guida, per governo secondo certi principi e con l'impiego di determinati supporti, per conduzione aziendale secondo linee prestabilite" Brunetti, *Scritti di Economia Aziendale in onore di Raffaele D'Oriano*, 1997. Tale significato di controllo sembra pertanto prevalere rispetto a quelli di ispezione e verifica che costituiscono, invece, il contenuto dell'attività di auditing.

[113] "E' quasi curioso notare come, in una dottrina che si afferma come scienza che studia in modo unitario le condizioni di vita e le manifestazioni di esistenza delle aziende, i collegamenti sistemici tra gestione, rilevazione ed organizzazione tipici del controllo non siano emersi in modo evidente, mentre ciò è avvenuto, anche se per gradi, in un contesto in cui gli studi si sono caratterizzati per un approccio di tipo normativo e più focalizzato su aspetti di tipo soggettivo ". F. Favotto (a cura di), *Le nuove frontiere del controllo di gestione*, McGraw Hill, Milano, 2006

[114] A. Amaduzzi, *L'azienda nel suo sistema e nell'ordine delle sue rilevazioni*, Utet, 1978

L'organizzazione si occupa, nella sua accezione anglosassone, dei rapporti fra i membri dell'impresa e, prima ancora, del raggruppamento delle attività in centri operativi.

La rilevazione si identifica con la nozione di "controllo", come già sosteneva il Besta ed ha, come abbiamo visto, il compito di verificare se l'impresa ha raggiunto gli obiettivi prefissati.

Le fasi che contraddistinguono il processo di controllo di gestione vanno, quindi, dalla pianificazione come previsione del comportamento futuro dell'impresa al controllo come verifica del raggiungimento dei risultati previsti[115].

Più nel dettaglio il processo evolve, assolvendo alle funzioni di:

- pianificazione e programmazione e quindi definizione degli obiettivi e dei mezzi mediante i quali raggiungerli, nonché degli standard di efficacia ed efficienza;
- guida come strumento per finalizzare il comportamento dei manager per il conseguimento degli obiettivi stabiliti;
- controllo e quindi rilevazione dei risultati conseguiti e confronto con gli obiettivi per confermare la validità delle condizioni di svolgimento dei processi in atto.

Uno studio sul processo di *control management* non può, quindi, prescindere da alcune riflessioni sul complesso sistema di pianificazione, come sua parte integrante. Pianificare significa prevedere un certo futuro ed individuare i mezzi o le risorse più validi per realizzarlo; si stabiliscono gli obiettivi che si intende raggiungere in un certo tempo, predisponendo i mezzi necessari e le modalità d'azione indispensabili per il loro raggiungimento[116].

---

[115] "Si è soliti tenere distinti due processi che, insieme ad altri, caratterizzano l'attività manageriale: la pianificazione strategica ed il controllo di gestione. Si tratta in realtà di due momenti di un unico processo; essi sono intimamente collegati ." L. Brusa L. Zampogna, *Pianificazione e controllo di gestione. Creazione del valore, cost accounting e reporting direzionale: tendenze evolutive*, Etas, Milano, 1991

[116] "La pianificazione strategica è il processo con cui si formulano e valutano le strategie aziendali in vista del raggiungimento degli obiettivi di fondo della gestione e si redigono i piani operativi mediante i quali il disegno strategico viene reso concretamente realizzabile". L. Brusa L. Zampogna, *Pianificazione e controllo di gestione. Creazione del valore, cost accounting e reporting direzionale: tendenze evolutive*, Etas, Milano, 1991

La pianificazione ha sempre come fondamento l'ipotesi che si può fare qualcosa per migliorare il futuro anche se esso rimane molto spesso incerto. Essa dovrebbe quindi stabilire lo scopo, gli obiettivi, l'ordinamento dell'azienda stessa ed il modo di utilizzare le sue risorse. Originariamente si credeva che bisognasse prima pianificare e programmare e poi controllare; si era soliti tenere distinti i seguenti due processi: la pianificazione strategica ed il controllo di gestione[117]. Solo in tempi relativamente recenti sia gli studiosi che i manager hanno condiviso la necessità di vedere presenti simultaneamente questi due inscindibili momenti dell'agire, essendo aspetti di un unico processo, quello del management control, intimamente collegati.

Il processo di controllo di gestione, una volta formulati i piani operativi, si estrinseca attraverso diverse e caratterizzanti fasi, che possono essere identificate molto più nel dettaglio come tre momenti diversi del controllo:

➢ controllo antecedente, cioè valutazione ex ante dell'adeguatezza dei programmi di gestione formulati in sede di budgeting, cioè della compatibilità di questi con i risultati attesi, esplicitati dalla pianificazione strategica;

➢ controllo concomitante, si esegue in itinere, valutando le condizioni di efficacia e di efficienza nello svolgimento della gestione, in modo da intervenire al più presto in caso di necessità; esso si basa su meccanismi di *feedback* cioè confronto tra obiettivi e risultati effettivi o di *feedforward* cioè confronto tra obiettivi e risultati previsti;

➢ controllo susseguente, cioè valutazione ex post, in genere al termine di un periodo amministrativo annuale, che consente di accumulare informazioni utili per la seguente fase di programmazione e di misurare in modo oggettivo la performance dei manager.[118]

---

[117] E' opportuno considerare l'opinione di Anthony che considera separatamente i due processi, ritenendo che il processo di management control si colloca in una posizione intermedia tra le attività di pianificazione e quelle di controllo in senso stretto. Anthony R.N. Dearden J., N.M. Bedford, *Management Control System*, Harvard Business Irwin, Homewood, 1976

[118] L. Brusa L. Zampogna, *Pianificazione e controllo di gestione. Creazione del valore, cost accounting e reporting direzionale: tendenze evolutive*, Etas, Milano, 1991

L'attività di governo dell'impresa si svolge a vari livelli organizzativi ed è quindi diffusa nelle strutture aziendali; in questo senso il controllo di gestione si colloca nell'ambito delle attività decisionali ed è una funzione esercitata a vari livelli direttivi. Tale funzione, quindi, si esercita attraverso un metodico confronto tra gli obiettivi prefissati ed i risultati raggiunti, evidenziando gli scostamenti che, in quanto tali, dovranno suggerire apposite azioni correttive.

Lo strumento che viene utilizzato per esercitare tale confronto è la contabilità direzionale, che permette sia una raccolta sistematica dei dati da inviare all'alta direzione, sia una loro continua osservazione e interpretazione.

Possiamo allora configurare il controllo di gestione come "un processo dinamico che si diffonde nell'intera unità produttiva e che, avvalendosi della contabilità direzionale, mediante un continuo e metodico confronto tra ciò che è stato previsto e ciò che in realtà avviene, permette ai detentori del governo aziendale di assicurare alla stessa combinazione economica l'acquisizione e l'impiego delle risorse necessarie, così da soddisfare, nel rispetto dei principi di convenienza economica, gli obiettivi designati"[119].

Talvolta si utilizzano indifferentemente i termini "controllo di gestione" e "controllo direzionale". Nella lettura anglosassone, troviamo, in realtà, una differenza: il controllo di gestione si suddivide al suo interno in controllo direzionale e controllo operativo.

Premesso che il controllo di gestione è quella attività che si propone il raggiungimento degli obiettivi economico – finanziari dell'impresa, il controllo di direzione è quel processo mediante il quale i dirigenti si assicurano che le risorse siano ottenute ed usate efficacemente ed efficientemente per il raggiungimento degli obiettivi dell'organizzazione, mentre il controllo operativo è quel processo con il quale si assicura l'efficienza e l'efficacia nel portare avanti compiti specifici[120].

---

[119] A. Bandettini, *Controllo di gestione: aspetti tecnico – contabili*, Cedam, Padova, 1980
[120] Anthony R.N. Dearden J., N.M. Bedford, *Management Control System*, Harvard Business Irwin, Homewood, 1976

Il controllo direzionale si estrinseca nella definizione di standard di performance che i vari centri di responsabilità devono realizzare, nonché nella verifica del grado di raggiungimento degli stessi. E' rivolto quindi ai responsabili dei vari centri che in base alle informazioni acquisite orientano la gestione nella direzione desiderata.

Il controllo operativo è un controllo di tipo concomitante e consuntivo che riguarda compiti individuali, singole operazioni e transazioni con lo scopo di verificare che tali attività siano svolte con efficacia ed efficienza.[121]

Il controllo operativo è un controllo di breve termine che a differenza di quello direzionale "si basa su meccanismi quasi automatici di verifica rispetto ai quali non interviene alcun giudizio soggettivo. Esso si impernia sulla fissazione di regole precise per lo svolgimento di compiti specifici e si traduce, quindi, nella constatazione del rispetto o meno di tali regole"[122]. Il controllo operativo si basa quindi su standard e la cadenza ripetitiva con la quale esso viene svolto gli conferisce un carattere sostanzialmente automatico.

Il controllo di gestione, per finalità accademiche, può essere immaginato come diviso in due strutture[123]:

- struttura organizzativa
- struttura tecnico-contabile

La struttura organizzativa del controllo di gestione è rappresentata dai centri di responsabilità, ossia quelle unità organizzative interne all'aziende che abbiano autorità-responsabilità e che abbiano le opportune leve decisionali per perseguire la *mission* ricevuta. Si tratta sostanzialmente del management di alto, medio, basso livello[124].

---

[121] A tal proposito: "Il controllo operativo può essere realizzato mediante: la definizione di rigorose procedure, la supervisione preventiva, la responsabilizzazione sulle azioni, le limitazioni del comportamento individuale" E. Cavalieri, F. Ranalli, *Appunti di Economia Aziendale*, Kappa, Roma, 1994

[122] S. Sciarelli, *Economia e gestione dell'impresa*, Cedam, Padova, 1999

[123] F. Culasso, *Information Tecnology e Controllo di Strategico*, Giuffrè, Milano, 2004

[124] "Controllo di gestione è sinonimo di guida del management e quindi di responsabilizzazione: un budget non delinea solo la direzione di marcia, ma responsabilizza chi dispone di idonee leve decisionali sul raggiungimento di traguardi bene definiti" [124] L. Brusa L. Zampogna, *Pianificazione e controllo di*

La struttura tecnico contabile è, invece, rappresentata da strumenti di supporto che offrono un feed-back su quanto già realizzato (attività di monitoraggio) e un feed-forward cioè una previsione e riprogrammazione degli eventi gestionali futuri. Tali strumenti, che hanno natura sia contabile che extra-contabile, supportano il processo del controllo di gestione e sono:

> contabilità generale, bilancio e analisi di bilancio
> budget
> contabilità analitica
> informazioni extra-contabili
> reporting

Le informazioni prodotte dal processo del controllo di gestione devono essere raccolte ed organizzate in report e messe a disposizione dei destinatari e degli utilizzatori. Il sistema può prevedere la stesura di report differenti con diversi gradi di sintesi in relazione ai differenti destinatari. Il raggiungimento di una formalizzazione completa e strutturata delle informazioni fornite con regolarità al management è indice del grado di sviluppo del sistema di controllo di gestione[125]. Nella definizione e valutazione di un sistema di reporting, si deve necessariamente prestare attenzione alle dimensioni di analisi e alle relative variabili di monitoraggio. L'individuazione delle dimensioni di analisi è di fondamentale importanza, in quanto stabilisce le logiche di selezione, aggregazione e organizzazione delle informazioni coerentemente rispetto alla singola realtà aziendale, costituendo la necessaria premessa per la progettazione di report idonei a soddisfare i fabbisogni informativi del management.

In tal senso, i report sono normalmente strutturati gerarchicamente e possono articolare le informazioni rispetto a differenti dimensioni di analisi, tipicamente riconducibili ai seguenti aggregati:

-centri di responsabilità,

-processi aziendali,

---

gestione. *Creazione del valore, cost accounting e reporting direzionale: tendenze evolutive*, Etas, Milano, 1991
[125] Borsa Italiana, Guida al sistema di controllo di gestione, Listing Guides, Borsa Italiana S.p.A., 2003

-progetti strategici,

-tipologia di prodotti/servizi,

-clienti della società,

-canali distributivi,

-aree geografiche.[126]

---

[126] Borsa Italiana, Guida al sistema di controllo di gestione, Listing Guides, Borsa Italiana S.p.A., 2003

3.3 Il Sistema di Controllo di Gestione ed il *Management System*

E' opportuno evidenziare che il controllo di gestione, al fine di estendere il proprio supporto all'efficacia, ben oltre l'iniziale logica dell'efficienza, si è trovato a dover integrare molteplici elementi informativi superando i limiti angusti delle misure economico-finanziarie: ciò anche perché non tutti gli aspetti critici per la corretta gestione possono essere colti efficacemente dal sistema contabile. Gli elementi di dettaglio mediante cui comprendere, giustificare e correggere gli scostamenti rispetto a piani prefissati hanno lasciato dunque spazio ad un più ampio insieme di tecniche e di tipologie applicative, derivanti da una rivoluzionaria trasformazione del concetto stesso di controllo[127].

A fronte di questo passaggio evolutivo si affermano molteplici direttrici. Una prima direttrice segnala un cambio di rotta dal punto di vista metodologico, poiché l'analisi ex-post del grado di coerenza tra budget e consuntivo perde di significatività nel supporto alla gestione. Essa lascia il campo all'analisi prospettica, che si avvale di ulteriori meccanismi di retroazione e si concentra sulla rotta da mantenere in un contesto permeato da gradi di turbolenza crescenti.

Una seconda direttrice riguarda la fusione fra i sistemi di controllo di gestione e quelli di controllo strategico, poiché obiettivo primario del sistema di controllo aziendale diviene quello di diminuire il rischio di rottura tra la dimensione strategica e l'operatività quotidiana dell'azienda. Il risultato vede un sistema di controllo che riesce ad aggiornare i propri parametri di riferimento al mutare delle indicazioni strategiche e, contemporaneamente, a diventare sentinella posta ai confini aziendali per recepire, interpretare e trasferire anche i segnali deboli. Se infatti, a seguito di repentini cambiamenti ambientali e dell'imperfetta

---

[127] Nella disciplina economico-aziendale il controllo, quindi, si allontana definitivamente dalla stretta accezione di verifica/ispezione retrospettiva per accogliere funzioni di supporto alla gestione ed al governo dell'azienda in raccordo a coerenti cambiamenti nel disegno organizzativo; per questa via la funzione di controllo esce anche dagli uffici amministrativi o di ragioneria per affiancarsi all'alta direzione e coordinarsi ai processi di gestione strategica. F. Favotto (a cura di), *Le nuove frontiere del controllo di gestione*, McGraw Hill, Milano, 2006

capacità di previsione della direzione, la strategia cambia nel tempo con frequenza significativa, il sistema di controllo non può perdersi nell'analisi degli scostamenti tra il realizzato e un previsto che non è più significativo.

Il processo del controllo di gestione ed i suoi strumenti contabili ed extra-contabili trovano linfa alimentante nel Sistema Informativo Aziendale[128], che presidia il flusso continuo di dati interni ed esterni all'azienda e lo trasforma in flussi di informazioni utili. Il processo del controllo di gestione è, in un certo qual senso, esso stesso un sistema informativo direzionale[129].

Cambiamenti del contesto accompagnati dall'emergere di nuove esigenze informative della direzione aziendale, hanno poi dato un importante impulso alla crescita ed alla diffusione del controllo di gestione, che in poco tempo ha abbandonato la caratterizzazione di tecnica di analisi dei risultati economici parziali per assumere le sembianze di una visione sistemica aziendale.

Nell'area accademica, infatti, importanti studi hanno contribuito ad arricchire il controllo di gestione con nuovi schemi interpretativi e distinzioni concettuali, adottando un approccio sistemico, proponendo e progressivamente affinando un modello in cui il linguaggio contabile - amministrativo viene integrato con quello organizzativo, quello comportamentale e quello tecnologico dando vita ad un sistema direzionale compiuto, quasi autonomo nei propri fondamenti logici e tecnici e quindi utilizzabile in tutte le aziende. Parallelamente a questo percorso, l'utilizzo delle nuove tecnologie dell'informazione e della comunicazione ha portato a imprevedibili caratterizzazioni il controllo di gestione, poiché ne ha accresciuto in via esponenziale le capacità di acquisizione ed elaborazione delle informazioni, migliorando anche l'efficienza del processo. È chiaro infatti che concentrarsi su nuove misure, basarsi su di uno spettro ampio e variegato di informazioni e poter disporre di queste utilizzando un meccanismo operativo

---

[128] In particolare, il Sistema Informativo Direzionale viene alimentato dal Sistema Informativo Operativo.
[129] "La dottrina economico-aziendale in Italia si è aperta al controllo di gestione, inteso come sistema direzionale formato da specifici principi, criteri e strumenti per la gestione aziendale, verso la fine degli anni '70, iniziando un percorso di ricerca dalle numerose sfaccettature." F. Favotto (a cura di), *Le nuove frontiere del controllo di gestione*, McGraw Hill, Milano, 2006

centrale nella vita aziendale dipende anche dalle possibilità offerte dal patrimonio tecnologico e dalla capacità di utilizzarle.

In questa accezione, il sistema di controllo di gestione (SCG) deve essere considerato come parte del più ampio *Management Information System* (Sistema Informativo di Direzione), finalizzato a gestire e indirizzare l'azienda verso gli obiettivi strategici e di redditività prescelti, minimizzando i *business risks*[130]. Tuttavia, è opportuno distinguere fra l'attività di controllo in senso stretto e gli strumenti che servono per svolgerla in modo efficace[131]. Fra questi si richiama il sistema informativo direzionale che deve ricomprendere un'articolata strumentazione tecnico-contabile se vuole fornire quelle informazioni che oggi servono per comporre decisioni direzionali efficaci.

Non è pertanto un caso che negli anni più recenti, la strumentazione informativa si sia arricchita con proposte innovative sempre più rispondenti al mutato scenario competitivo. Tra le più recenti se ne richiamano tre:

- i modelli di simulazione dinamica[132], che hanno origini lontane nei lavori di Jay Forrester[133] e che con la loro ricerca delle relazioni circolari di causa/effetto consentono un rilevante effetto di apprendimento organizzativo. Questi modelli sono preziosi a supporto della pianificazione strategica e di quelle riflessioni che vogliono darsi orizzonti temporali di lungo termine;

- l'*Activity Based Costing*[134], che suggerisce di rilevare i costi per attività/processi gestionali e che, pertanto, risulta imprescindibile per le imprese che desiderino introdurre una gestione non per aree funzionali, ma per processi e/o per progetti;

---

[130] Borsa Italiana, Guida al sistema di controllo di gestione, Listing Guides, Borsa Italiana S.p.A., 2003
[131] Il sistema informativo direzionale è lo "strumento facilitante" che non può però sostituirsi alla "gestione organizzata" di un'azienda.
[132] Senge P., *The Fifth Discipline*, Doubleday Publishing, 1990; trad. It. con il titolo La quinta disciplina, prefazione di A.Galgano, Sperling & Kupfer, Milano, 1992
[133] Forrester J., *Principles of systems*, Cambridge, Wright Allen Press, Mass., 1968; trad. it a cura di Antonio Amaduzzi, con prefazione e appendice da lui curate, titolo del libro Principi dei sistemi, Etas Libri, Milano, 1974.
[134] Kaplan R.S., Atkinson A.A., *Advanced Management Accounting. Gli strumenti del controllo di gestione*, ISEDI Utet, Torino, 2002.

⬥ la *Balanced Scorecard*[135] o scheda di valutazione bilanciata, che per essere alimentata a costi ragionevoli richiede un SCG particolarmente efficace. Questo strumento, infatti, non solo presenta i *key performance indicators*, ma li sistematizza in quattro prospettive fra loro interrelate. La prospettiva classica della performance, osservata nei suoi risultati economico-finanziari, è integrata dalla prospettiva dei clienti, dalla quale tali risultati dipendono direttamente. Questa a sua volta dipende dalla prospettiva dei processi gestionali interni, attraverso la quale si analizzano le performance operative e dalla prospettiva apprendimento/innovazione. Molte imprese all'estero hanno già adottato questo strumento, almeno a livello annuale, per elaborare dei report che comunichino le loro performance lungo queste quattro dimensioni alla comunità finanziaria, interessata non solo alla maggior o minor creazione di valore economico, ma a ricevere informazioni sull'andamento delle determinanti il valore.

Allo stesso modo, i sistemi informativi direzionali (MIS) o *Management Information System*, parte del più ampio Sistema Informativo Aziendale[136] (si veda lo schema presentato in Tavola 3.1), si sono evoluti nella direzione di massimizzare l'efficacia del processo decisionale, sia superando la ridondanza e l'incoerenza delle informazioni e dei report prodotti informaticamente, sia ricorrendo alle soluzioni che l'evoluzione dell' *information technology* oggi rende praticabile a costi ragionevoli: un impiego diffuso di *Decision Support System* (DSS), il ricorso a strumenti di Business Intelligence, la creazione di database relativi ai clienti, ai fornitori, al personale e alle sue competenze o applicazioni ancora più sofisticate come l'elaborazione di un reporting per la valutazione dell' *intellectual capital* d'impresa.

---

[135] Kaplan R.S., Norton D.P., *Balanced Scorecard. Strategy into action.*, Harvard Business School Press, Boston, 1996.
[136] Si rimanda il lettore al Capitolo I.

Tavola 3.1: Il controllo di gestione ed il Management Information System

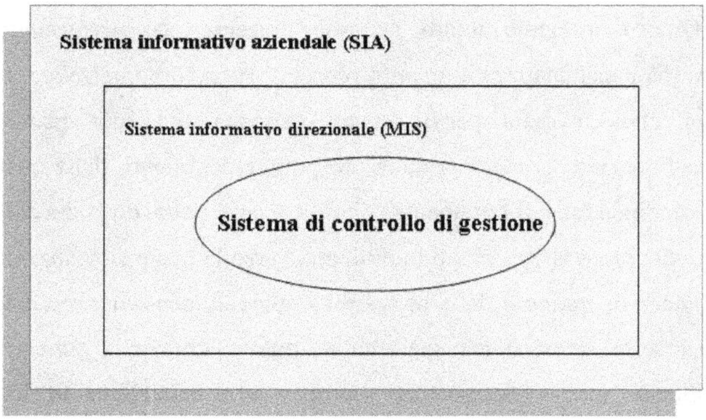

Una considerazione sembra necessaria: le informazioni fornite dal Bilancio di esercizio non sono più sufficienti a descrivere la reale capacità o potenzialità di un'impresa di attivare circuiti virtuosi in grado di creare valore economico. Sono necessarie nuove informazioni. Quelle imprese che hanno effettuato investimenti in sistemi di controllo di gestione, anche per importi considerevoli ed in sintonia con la propria missione e le proprie strategie competitive, oltre ad aver investito in asset invisibili fondamentali per la sopravvivenza, hanno incrementato il loro patrimonio di soluzioni organizzative e probabilmente hanno posto le premesse per godere di un vantaggio competitivo.

Tuttavia, è fondamentale valutare il grado di integrazione del SCG con i sistemi informativi aziendali. E' indispensabile verificare che le informazioni incluse nei report siano riconciliabili con le risultanze dei sistemi informativi utilizzati all'interno della società e che tale riconciliazione sia prevista e regolarmente effettuata, in quanto necessaria procedura di controllo della correttezza e dell'integrità delle informazioni stesse. In particolare, i dati di natura economica e finanziaria devono essere riconducibili alla contabilità generale, mentre i dati ottenuti dai sistemi di contabilità analitica ed industriale e dai sistemi di budget devono essere coerenti e riconciliabili fra loro sia rispetto ai dati consuntivi sia rispetto al sistema di contabilità generale.

La necessità di una coerenza complessiva delle fonti delle informazioni risponde all'esigenza di affidabilità e confrontabilità nel tempo delle informazioni contenute nei report. L'integrazione del SCG con gli altri sistemi informativi aziendali è generalmente indice della flessibilità del sistema e della capacità di adattamento dello stesso ai mutamenti delle esigenze conoscitive del management nel tempo.

Il ruolo che il SCG è in grado di svolgere dipende strettamente dalle scelte informatiche effettuate dall'impresa, anche con riferimento ad un necessario apprezzamento del rapporto costi/benefici: se questa si è dotata di un sistema integrato del tipo ERP o se è andata nella direzione di utilizzare piattaforme che facilitino la creazione di database aziendali di facile e flessibile utilizzo, il SCG sarà potenzialmente in grado di svolgere un ruolo non solo operativo, ma anche di Business Intelligence e Decision Support[137].

Negli ultimi anni, peraltro, si è sempre più diffusa la pratica dell'outsourcing di processi aziendali ad imprese esterne specializzate. Fra i processi che con maggiore frequenza vengono esternalizzati ci sono i servizi informatici, oltre che alcuni servizi amministrativi. La gestione di tali servizi da parte di un'organizzazione esterna specializzata costituisce un'opportunità gestionale importante i cui rischi, d'altra parte, vanno attentamente valutati e gestiti con particolare attenzione. In questo senso, l'efficacia di servizi esternalizzati dipende direttamente da alcuni fattori, fra i quali:

- il sistema di outsourcing nel suo complesso;

- le procedure esistenti presso il fornitore per garantire il corretto delivery di quanto previsto;

- i rapporti contrattuali esistenti che regolano le modalità di erogazione;

---

[137] Borsa Italiana, Guida al sistema di controllo di gestione, Listing Guides, Borsa Italiana S.p.A., 2003

- l'esistenza di personale dedicato alla gestione del rapporto contrattuale con procedure specifiche di analisi e controllo;
- l'integrazione fra il sistema aziendale e quello del fornitore.

I conseguenti cambi di prospettiva concettuale e metodologica hanno disegnato una maschera completamente nuova del controllo di gestione, che lo rende sostanzialmente irriconoscibile rispetto sia ai suoi esordi sia alle sistemazioni più recenti. L'impressione è che la tematica del controllo pervada oramai in profondità lo stesso core degli studi economico aziendali e dei comportamenti professionali direzionali sia nel pubblico sia nel privato, proponendosi come metodo decisionale, come sistema complessivo di gestione dell'azienda e come cultura e paradigma del "buon governo". Naturalmente non ci sono risposte definitive. La ricerca scientifica e il divenire aziendale per loro natura sono in continua evoluzione.

3.4 Gli impatti dei Sistemi Informativi Integrati sul Controllo di Gestione

La diffusione dei sistemi integrati di tipo ERP trova una delle sue principali ragioni nella capacità di realizzare l'integrazione informativa, coniugando le potenzialità delle tecnologie dell'informazione con una visione dell'azienda impostata sui processi[138]. In questo quadro la funzione Amministrazione e Controllo svolge un ruolo chiave, influenzando la configurazione dell'intero sistema, sia in quanto i sistemi amministrativi rappresentano il terminale di gran parte dei flussi informativi prodotti dalle varie aree funzionali, sia perché l'integrazione informativa impone l'applicazione remota delle regole amministrative nel momento e nel luogo di origine dei dati.

Per queste stesse ragioni l'introduzione dei sistemi ERP esercita impatti profondi sulla funzione amministrativa modificandone il ruolo, contribuendo a ridefinire contenuto e ampiezza delle attività svolte, cambiando il profilo professionale degli operatori della funzione.

Cercheremo di evidenziare in particolare gli impatti che un sistema informativo integrato esercita sul controllo di gestione, che costituisce una delle aree di attività della Funzione Amministrazione e Controllo[139]. A tale proposito è possibile evidenziare i cambiamenti che interessano: la struttura del controllo di gestione, e i sistemi di contabilità e reporting; i processi, che in linea di massima tendono verso la centralizzazione, anche se non mancano movimenti in senso contrario per determinati tipi di attività; infine, si evolvono le professionalità legate al controllo di gestione sia per quanto riguarda le figure esistenti, quali il controller, che vedono profondamente modificato il proprio ruolo e le proprie

---

[138] Agliati M., Meloni G., Meregalli S., Songini L., *L'impatto degli ERP sull'attività amministrativa: una promessa mantenuta?*, Economia & Management, n°1, gennaio 2000

[139] Le sotto-funzioni della Funzione Amministrazione e Controllo sono:
- Amministrazione e Bilancio;
- Controllo di gestione;
- Internal Auditing. Agliati M., *Tecnologie dell'informazione e sistema informativo integrato*, Egea, Milano, 1996

responsabilità, sia in relazione alla nascita di nuove figure, che si propongono come finalità prioritaria di operare un coordinamento, un'interfaccia[140] tra il controllo di gestione (e più in generale la Funzione Amministrazione e Controllo) e l'area Sistemi Informativi.

Tali cambiamenti nel controllo di gestione sono in atto da diverso tempo e sono legati in modo particolare all'evoluzione degli strumenti informatici a disposizione del sistema di controllo e delle altre aree, ma spesso trovano nell'implementazione di un sistema ERP una spinta decisiva verso la razionalizzazione e l'integrazione delle attività di gestione dei dati, alla ricerca di sensibili miglioramenti delle prestazioni operative, di riduzioni di costo, di miglioramenti nella quantità o qualità dei supporti informativi.

La funzione amministrativa svolge un ruolo fondamentale nell'ambito del processo decisionale in tutte le sue fasi: dalla scelta di rifondazione del sistema informativo sino alla selezione della specifica soluzione applicativa. In questo processo pesano le esigenze di carattere amministrativo riguardanti in particolare la coerenza logica e sostanziale dei dati che alimentano i flussi informativi integrati[141]. Le stesse metodologie di implementazione prevedono generalmente in primis l'introduzione, del modulo di Amministrazione e Controllo, e solo successivamente dei moduli applicativi che spaziano dalla logistica alla distribuzione, fino ad arrivare alla produzione[142]. Il fatto che qualsiasi azienda acquirente di un sistema ERP implementi come primo modulo quello relativo all'amministrazione non è un caso: al di là di motivazioni contingenti, quali l'introduzione della nuova moneta di conto europea o i problemi legati all'anno 2000, spesso il vero motore del processo decisionale che conduce

---

[140] Gnan L., Sondini L., *L'impatto delle tecnologie dell'informazione sulle attività e sulle professionalità della funzione amministrativa*, in Agliati M., *Tecnologie dell'informazione e sistema informativo integrato*, Egea, Milano, 1996

[141] L'impatto esercitato sull'intera organizzazione risulta notevole poiché i moduli amministrativi, in quanto terminali di tutte le transazioni operative, estendono la propria influenza al di fuori dei propri specifici confini funzionali. Agliati M., *I sistemi amministrativi integrati: caratteristiche funzionali e strategie di configurazione*, Egea, Milano, 1999

[142] "E' da leggersi in questo senso il fatto che il 100% dei nostri clienti ha sostanzialmente implementato il modulo dell'area Finance, circa il 70% il modulo a supporto dell'area distribuzione e logistica e il 50% quello di supporto all'area produzione." Lo afferma Losio Fabrizio, della J.D.Edwards Italia Spa, ma i dati sono pressoché identici anche con riferimento a qualsiasi altro ERP vendor.

all'introduzione di un Enterprise Resource Planning sono le esigenze di controllo. Il sistema di controllo, infatti, attua la responsabilizzazione delle risorse impiegate in azienda proprio attraverso i flussi informativi che originano dalle transazioni presidiate dalle varie funzioni.

La standardizzazione e l'uniformazione dei flussi informativi migliorano il presidio delle varie funzioni e supportano opportunamente il processo di controllo; i sistemi ERP permettono di codificare la maggiore quantità possibile di conoscenze manageriali ed operative e, per questa via, cercano di annullare le distanze tra i diversi luoghi e tempi di generazione dell'informazione[143].

Un ulteriore motivo per cui si preferisce cominciare l'implementazione dall'area amministrativa risiede, secondo alcuni, nel suo minor contenuto di operatività rispetto ad aree quali la produzione, la distribuzione, per cui spesso il cambiamento sarebbe accompagnato da minori tensioni ed opposizioni al cambiamento[144].

Riteniamo però che la centralità dell'area amministrativa risieda piuttosto nella sua funzione di "garante" dell'informazione: essa, infatti, gestisce tutti i passaggi fondamentali del processo di elaborazione che trasformano i dati in informazioni, ed è quindi in grado di stabilire gli orientamenti di fondo in base ai quali ridefinire tutto il sistema informativo aziendale. Per esempio, quando si implementa un sistema ERP uno dei primi passi consiste nella progettazione del piano dei conti e del modello di controllo. Scelte poco oculate condurrebbero ad inefficienze, sprechi di tempo (dato che certamente bisognerebbe ritornare in un secondo momento su quelle decisioni) ed infine sprechi di denaro, da non sottovalutare, considerato che gli investimenti necessari per introdurre in azienda tali sistemi difficilmente scendono sotto la soglia del milione di euro.

È da sottolineare il concetto di funzione amministrativa come funzione "garante" delle informazioni, perché in esso è racchiuso il significato di molti cambiamenti che tale funzione si appresta ad affrontare. Da sempre essa ha gestito il processo

---

[143] Ampollini C., *La nuova funzione integrata di amministrazione e controllo*, in "I sistemi integrati ERP", Amministrazione e Finanza Oro (Monografie), n°5, 2000
[144] Così ad esempio Benasso Fabio, dell'Andersen Consulting S.p.A.

di elaborazione delle informazioni occupandosi delle varie fasi di rilevazione, elaborazione, gestione, controllo dati e produzione informazioni[145].

Le diverse sotto-funzioni amministrative (Controllo di gestione, Amministrazione e Bilancio, Internal Auditing) si concentrano sullo svolgimento di specifiche attività, per esempio la Programmazione ed il Controllo sono incentrate soprattutto sulla gestione dei dati e sulla produzione delle informazioni[146]. Questo ha avuto influssi sul tipo di innovazioni tecnologiche che hanno interessato le attività amministrative: nell'esempio del controllo di gestione gli interventi di innovazione più significativi hanno riguardato l'unificazione delle basi di dati e le modalità di costruzione dei report [147]. A riguardo si osserva come si stia attuando anche uno spostamento dei controlli effettuati dai revisori dal singolo dato all'integrità del software utilizzato per ricavarlo, per esempio il revisore non deve più controllare se effettivamente una determinata somma è stata calcolata correttamente, ma deve spostare il suo controllo più a monte, ed analizzare la procedura secondo la quale il software utilizzato calcola le somme[148].

In generale, grazie all'impiego delle tecnologie dell'informazione, ed in particolare ai sistemi di teletrasmissione, l'attività di controllo si è progressivamente spostata sulle procedure di trattamento dei dati piuttosto che insistere sulla verifica di coerenza formale del dato singolo.

---

[145] Agliati M. (a cura di), *Tecnologie dell'informazione e sistema amministrativo"*, Egea, Milano, 1996

[146] L'amministrazione e bilancio tende invece ad occuparsi soprattutto delle fasi di rilevazione ed elaborazione dati. Infine, l'area internal auditing (o revisione e controllo interno) incentra la propria azione sul controllo dei dati; la revisione, infatti, si può definire come un "procedimento di controllo amministrativo, contabile, gestionale realizzato, a partire dal sistema di controllo esistente, attraverso verifiche successive di dati usati, informazioni prodotte, operazioni programmate ed attuate". Marchi L., *Principi di revisione aziendale*, Clueb, Bologna, 2000

[147] La sotto-funzione Amministrazione e Bilancio è stata interessata, in passato, da pesanti processi di automazione; attualmente è particolarmente coinvolta dall'introduzione di sistemi contabili integrati e da interventi di centralizzazione delle attività amministrative di base. La sotto-funzione internal auditing , concentrata prevalentemente sul controllo logico e formale dei dati e delle informazioni, ha visto progressivamente modificarsi l'oggetto dei suoi interventi: dal singolo dato e informazione a segmenti più o meno ampi di processi amministrativi che in misura crescente tendono ad essere automatizzati. Agliati M. (a cura di), *Tecnologie dell'informazione e sistema amministrativo*, Egea, Milano, 1996

[148] Marchi L., *Principi di revisione aziendale*, Clueb, Bologna, 2000

Con l'introduzione di un sistema ERP il rapporto dell'area controllo di gestione con il trattamento delle informazioni muta in modo sostanziale perché molte attività di rilevazione delle transazioni operative vengono decentrate alle diverse funzioni operative[149]; si realizza così uno dei principi cardine degli ERP, e vale a dire che il dato originario è immesso una sola volta e dalla funzione che lo ha originato.

Il ruolo del controller però diventa più delicato, in quanto deve essere in grado di garantire l'integrità di informazioni rilevate da altre funzioni sulla base di dati amministrativi e contabili generati da queste stesse funzioni; rispetto al passato, i compiti e quindi le professionalità richieste agli amministrativi sono più ampi e riguardano i diversi processi aziendali legati ai fattori critici di successo piuttosto che all'operato delle singole funzioni[150]; infine, sono coinvolti aspetti di natura più propriamente socio-organizzativa, per esempio la necessità di operare a stretto contatto con i responsabili dei sistemi informativi, necessità che causa "incontri/scontri" tra culture specialistiche molto diverse[151].

La ridefinizione della struttura, dei processi e dei ruoli del sistema di controllo non può quindi basarsi semplicemente sull'adozione di nuovi supporti e mezzi informatici, ma deve coinvolgere anche gli aspetti socio-organizzativi.

Il legame con le altre funzioni è fondamentale: il sistema amministrativo può essere considerato quello che, soprattutto per la natura delle attività svolte, viene maggiormente e per primo coinvolto dall'introduzione di un sistema ERP[152], ma questo significa solo che a tale funzione sovente spetta il compito di assumere un

---

[149] "Molte delle informazioni amministrative che confluiscono nel CEA provengono da altri sottosistemi, dove si ha, quindi, la rilevazione del fatto aziendale". Saita M., *Configurable enterprise accounting*, Giuffrè, Milano, 1996

[150] "...Per realizzare questa evoluzione e svolgere questo ruolo, più ricco e più impegnativo, occorre naturalmente che le persone preposte siano in grado di sviluppare particolare caratteri quali:....visione da generalista, considerando tutte le problematiche che riguardano l'impresa". Pistoni A., Songini S., *Il management del 2000: quali sfide per la funzione amministrativa*, Milano, Egea, Collana Atti & Monografie, 1997.

[151] Ampollini C., *La nuova funzione integrata di amministrazione e controllo*, in "I sistemi integrati ERP", Amministrazione e Finanza Oro (Monografie), n°5, 2000

[152] "Il controllo di gestione che è alla fase ultima di moltissimi processi aziendali, diviene il punto critico poiché monitorizza la sommatoria di moltissimi risultati aziendali ed è anche il punto nodale della comunicazione aziendale e dei suoi problemi". Lega D., *Il controllo di gestione ad una svolta*, disponibile alla pagina www.beycon.com

ruolo di sponsorship del progetto di implementazione, in quanto se non si riuscirà a coinvolgere tutte le aree aziendali interessate, l'iniziativa sarà destinata al fallimento. Tale esigenza è ribadita sia da esperti nell'implementazione di ERP, sia da manager che hanno avuto esperienze in tal senso. La questione cruciale del problema è la capacità degli amministrativi di riuscire a sviluppare attorno al progetto la "coesione di tutte le funzioni aziendali", evitando che l'introduzione del sistema integrato venga percepita come una problematica meramente contabile[153].

La Funzione Amministrazione e Controllo ha un ruolo di leadership, ma essa non può prescindere dal supporto delle altre aree aziendali: conseguentemente il controller deve sforzarsi di dimostrare che il valore aggiunto apportato da un sistema ERP (per esempio in termini di affidabilità e tempestività delle informazioni) compensa i maggiori sforzi da parte dei vari utenti aziendali sostenuti in relazione alle operazioni di imputazione dei dati. Se è vero, per esempio, che costa rilevare a sistema l'effettiva fruizione di un servizio, è altrettanto vero che l'informazione che ne consegue è vitale, non solo per il controllo di gestione, ma anche per le unità organizzative beneficiarie di questo servizio, le quali altrimenti non potrebbero monitorare l'effettiva dinamica economico-finanziaria dell'area aziendale di proprio interesse[154].

Uno dei punti di forza dei sistemi ERP è quello di associare alla maggior parte degli eventi aziendali una registrazione contabile; infatti il sistema ERP è in grado di fornire informazioni utili per diversi scopi decisionali, alimentando automaticamente i vari sotto-archivi, ecc., ma solo se i dati sono stati forniti fin

---

[153] Agliati M., Meloni G., Meregalli S., Songini L., *L'impatto degli ERP sull'attività amministrativa: una promessa mantenuta?*, Economia & Management, n°1, gennaio 2000
[154] A questo tema si ricollegano le problematiche tipicamente oggetto del controllo di gestione, ovvero il carattere motivante o stressante dell'informazione di costo, che implica un certo tipo di responsabilità, la quale appunto può essere avvertita da alcuni individui come fattore motivante, da altri come elemento di pressione. Cerbioni F., Antonelli V., *Il budget nel sistema di controllo di gestione*, Torino, Giappichelli, 2000

dalle prime fasi del processo di gestione delle informazioni di un determinato "corredo informativo"[155].

Questo richiede inevitabilmente una rilettura amministrativa di tutte le attività svolte all'interno dell'azienda; l'immediata conseguenza è che bisogna riuscire a far accettare alle altre funzioni una serie di vincoli al loro modo di operare conseguenti ad alcune specifiche esigenze amministrative. Possono sorgere problemi di risoluzione di eventuali conflitti tra l'area controllo di gestione e le altre aree aziendali; diventa necessario quindi escogitare dei meccanismi per mediare le esigenze più propriamente amministrative con quelle delle altre funzioni. Un modo per risolvere tali conflitti, nell'ambito del processo di alimentazione di un ERP, può essere quello di far leva sul ruolo di supporto al business da parte del controller. In questo senso le scelte di parametrizzazione del sistema non devono essere percepite come un'imposizione da parte dell'area amministrativa, bensì come scelte necessarie per garantire un adeguato supporto informativo alle unità operative. Proprio le scelte effettuate in sede di parametrizzazione possono anzi costituire uno degli elementi chiave del successo[156].

Da quanto detto risulta evidente che i sistemi ERP, fortemente trainati da esigenze amministrative, nonostante i benefici prospettati, possano non di rado incontrare resistenza in unità organizzative che si trovano costrette a svolgere maggiori attività di rilevazione rispetto al passato, per parte delle quali non vedono utilità immediata.

Effettivamente, in un primo momento i reali beneficiari del sistema non sono gli utenti finali, intesi come coloro che devono alimentare il sistema e che probabilmente si trovano a svolgere un numero di attività superiore rispetto a

---

[155] Agliati M., *I sistemi amministrativi integrati: caratteristiche funzionali e strategie di configurazione*, Egea, Milano, 1999
[156] Certamente è necessario impegnarsi per "vincere la reticenza alla collaborazione tipica delle imprese italiane, nelle quali ognuno presidia strenuamente la propria area di competenza e vive con disagio anche il semplice spiegare agli altri, all'interno dell'impresa, i processi e le attività svolte". Agliati M., Meloni G., Meregalli S., Songini L., *L'impatto degli ERP sull'attività amministrativa: una promessa mantenuta?*, Economia & Management, n°1, gennaio 2000

quelle normalmente richieste dai vecchi sistemi; spesso si realizzano sostanziali spostamenti nei carichi di lavoro tra le varie funzioni e tra le singole persone. Una volta a regime, il sistema però crea benefici diffusi in tutta l'azienda. L'importante è abbreviare la fase di transizione (durante la quale il malcontento è spesso inevitabile) e mirare ad ottenere prima possibile qualche risultato concreto, che costituirebbe un incentivo molto forte all'adesione ed al sostenimento del progetto.

Tra i risultati più tangibili vi sono alcune caratteristiche delle informazioni, quali la loro qualità, tempestività, affidabilità, che certamente coinvolgono tutte le funzioni e possono essere di aiuto ai vari manager nel perseguimento dei loro obiettivi, ma che in qualche modo confermano la centralità della Funzione Amministrazione e Controllo, la quale basa completamente ed esclusivamente la propria attività sui dati e le informazioni. In modo particolare si può osservare come delle informazioni più affidabili e tempestive influenzino l'attività di controllo, la cui capacità di indirizzare i comportamenti dei soggetti che operano in azienda verso obiettivi di efficacia ed efficienza è legata in modo diretto a tali caratteristiche delle informazioni.

Perché le informazioni possano essere tempestive e affidabili, occorre che esse vengano prodotte da un sistema che sia veloce eppure sicuro, attendibile nella produzione ed elaborazione delle informazioni stesse. Riguardo tale aspetto, si può affermare che un ERP soddisfi molti dei requisiti che un software gestionale dovrebbe possedere ai fini del controllo di gestione. I requisiti fondamentali richiesti ad un software da utilizzare nell'ambito dei processi di controllo direzionale sono[157]:

- l'affidabilità, cioè la capacità di mantenere un buon livello di prestazioni in situazioni normali di funzionamento, è una caratteristica rilevante perché solo un sistema pienamente affidabile è in grado di ripristinare la procedura in seguito ad anomalie esecutive e a correggere in automatico eventuali errori di interfaccia;

---

[157] Petroni S., *Informatica e controllo di gestione. Un quadro di riferimento*, Budget n.13, 1998

- l'orientamento all'utente, in questo caso amministrativo, tenendo conto delle funzionalità richieste al sistema;

- l'usabilità, cioè l'opportunità, per l'utente, di apprendere le procedure tramite finestre video, supporti cartacei, ecc.;

- la flessibilità, che si concretizza nella possibilità del sistema di adattarsi alle diverse realtà organizzativo-funzionali attuali e future delle aziende, per esempio a seguito di nuove sollecitazioni del mercato o esigenze degli utenti;

- la dinamicità, cioè la possibilità di gestire cambiamenti anche radicali dell'assetto organizzativo, e soprattutto senza rilevanti condizionamenti informatici o di programma, in modo da permettere l'accesso alle funzioni di configurazione del sistema e garantire così maggiore reattività al cambiamento;

- la facilità d'uso, cioè possibilità di disporre di strumenti potenti e nel contempo facili da utilizzare (gli strumenti di controllo devono realizzare automatismi, selezioni e percorsi contabili in grado di guidare e controllare gli operatori nell'inserimento delle scritture, limitando i dati da digitare al minimo possibile);

- la sicurezza, tramite password di accesso a determinate funzioni;

- la portabilità, per garantire flessibilità di utilizzo con altri software.

In conclusione, le aree dell'amministrazione e del controllo di gestione, essendo preposte all'elaborazione dei dati, sono tra quelle che maggiormente subiscono cambiamenti in termini di ruoli, responsabilità ed anche specifiche mansioni delle persone che operano in queste aree. Esse devono porsi come una sorta di consulenti, capaci di interpretare le esigenze delle diverse funzioni "clienti" e di produrre supporti informativi in grado di rispondere a tali esigenze. L'introduzione di un sistema integrato sostiene questi cambiamenti, in quanto libera tempo e risorse che vengono sempre più spesso utilizzate in attività di supporto alle altre aree aziendali e all'interpretazione ed analisi dei risultati ai fini di business. In altri termini, così come l'area amministrativa è quella che maggiormente influisce sulle scelta di ridefinire il sistema informativo aziendale, sulla selezione del software da adottare, sulla definizione del piano dei conti, allo stesso modo è anche l'area aziendale maggiormente colpita da cambiamenti profondi in seguito all'introduzione di un ERP, dovendo modificare la propria struttura, i propri processi ed i ruoli delle persone che in essa operano.

Per comprendere come un sistema Enterprise Resource Planning possa influenzare così profondamente le attività svolte dall'area controllo di gestione, analizziamo ora i passaggi specifici della configurazione del modulo amministrativo.

Le componenti amministrative dei sistemi ERP sono di norma ricomprese all'interno di moduli denominati "financial", posti a presidio delle funzionalità amministrative e di controllo di gestione. In generale, il sistema amministrativo di un'azienda governa i processi di elaborazione e produzione delle informazioni economiche originate dalle transazioni aziendali. La gestione amministrativa delle transazioni impone lo svolgimento ordinato di specifiche attività: di rilevazione dei dati, in cui alla raccolta si accompagna spesso la misurazione vera e propria dell'evento; di elaborazione, in cui si combinano interventi di classificazione, di trascrizione e di ordinamento; di gestione dei dati, che consiste nell'archiviazione, nel recupero e nell'aggiornamento; di controllo, centrate su soluzioni organizzative, procedurali o documentali; di produzione di informazioni, che si traducono nella predisposizione di sintesi si vario livello per diverse categorie di interlocutori[158]. Il modo in cui queste attività vengono organizzate determina il livello di efficacia ed efficienza della conversione dei dati in informazioni, e, in ultima analisi, definiscono la configurazione del sistema amministrativo aziendale.

I sistemi integrati di tipo ERP esercitano un impatto molto pesante sulla dislocazione, la sequenza ed il grado di accentramento o decentramento delle attività che compongono la catena di trattamento dei dati e di produzione delle informazioni[159]; configurare la componente amministrativa di un sistema ERP, infatti, significa avviare un processo di revisione suscettibile di influenzare in modo profondo le prassi operative delle unità funzionali dalle quali si originano i

---

[158] Agliati M. (a cura di), *Tecnologie dell'informazione e sistema amministrativo*, Egea, Milano, 1996
[159] Agliati M., *I sistemi amministrativi integrati: caratteristiche funzionali e strategie di configurazione*, Egea, Milano, 1999

flussi di informazioni[160]. Perché l'assetto del sistema amministrativo risulti coerente con le esigenze di informazione e controllo proprie dell'azienda è necessaria la chiara comprensione delle esigenze che occorre soddisfare e delle modalità con cui l'azienda genera e sostiene i suoi risultati sia economico-finanziari che competitivi.

Nel caso del controllo di gestione, la configurazione è guidata soprattutto dalle esigenze di elaborare report utili a fini direzionali, mentre le altre aree amministrative sono interessate soprattutto a soddisfare la prospettiva istituzionale dell'informativa economica.[161]

In sede di progettazione del sistema amministrativo integrato, l'area maggiormente critica risiede nella definizione del modello contabile che ne costituisce la struttura portante. Al fine di realizzare l'integrazione e quindi superare la tradizionale dicotomia tra informazioni di contabilità generale e di contabilità gestionale che da sempre caratterizza il trattamento delle informazioni amministrative, è stato individuato il cosiddetto Sistema Unico Integrato (SUI)[162] che combina nella medesima struttura le funzionalità proprie del sistema del reddito e del sistema patrimoniale anglosassone; quindi, permette di superare la differenziazione tra sistema civilistico e gestionale, consentendo tra l'altro la movimentazione congiunta di valori economici e patrimoniali[163].

La gestione delle diverse categorie di conti attraverso la applicazione di differenti

---

[160] Naturalmente l'influenza varia in relazione all'estensione funzionale del progetto: quanto più ampia è la copertura delle varie aree aziendali, tanto più profonde sono le conseguenze indotte dall'integrazione informativa, con la conseguente diffusione di un linguaggio unitario a tutto il sistema aziendale. Se l'Erp viene esteso a tutte le aree funzionali l'integrazione tende a svilupparsi nella struttura amministrativa in senso verticale, dalle procedure sino al reporting. Nel caso invece l'introduzione sia circoscritta alle sole componenti amministrative, l'integrazione si sviluppa in senso orizzontale attraverso l'unificazione dei vari sistemi di elaborazione amministrativa.

[161] Marchi L., *I sistemi informativi aziendali*, Giuffrè, Milano, 1993.

[162] Il Sistema Unico Integrato anticipa, sul fronte amministrativo, alcune soluzioni adottate nell'ambito dei sistemi ERP, infatti alcune delle logiche di funzionamento e delle soluzioni tecniche adottate dal SUI sono rintracciabili nella componente amministrativa dei sistemi ERP .

[163] Come abbiamo detto il controllo si avvale soprattutto della contabilità gestionale. Alcuni studi degli ultimi anni tendono però a considerare un eventuale utilizzo della contabilità generale ai fini direzionali. Sul tema si veda Marchi L. (a cura di), *L'utilizzo della contabilità generale per il controllo di gestione*, SEU, Pisa, Collana I quaderni del dottorato, A.A. 2000-2001

trattamenti contabili consente di soddisfare in modo simultaneo una varietà di esigenze informative.

Il modello contabile incorporato nel sistema amministrativo integrato di un applicativo ERP amplifica le caratteristiche del SUI consentendo una maggiore articolazione e duttilità della base informativa aziendale[164]; oltre a consentire la predisposizione sia di report richiesti per legge sia di rendiconti economico-finanziari destinati ad organi di governo all'azienda, aumenta la profondità del sistema amministrativo integrato in termini di capacità di controllo, in quanto è possibile organizzare le informazioni rispetto a più "viste logiche"[165], cioè a dimensioni molto analitiche quali il prodotto, il canale di vendita, il centro di costo, la commessa, ecc[166].

La capacità del sistema unico integrato di gestire simultaneamente strutture informative differenti si rivela molto utile soprattutto in relazione alle informazioni di costo, perché è possibile ricorrere agilmente a valori consuntivi, standard, normalizzati, garantendo di volta in volta la coerenza alle logiche di rappresentazione proprie dello specifico report; inoltre, si può fare riferimento a differenti metodologie di calcolo che presuppongono la determinazione di costi pieni o diretti o a sistemi di computo basati sulle attività.

Il concetto principale su cui si fondano tutte le soluzioni applicative di tipo ERP fa perno sugli "eventi", cioè transazioni operative esterne o interne che alimentano la base dati unitaria. Non tutte le transazioni sono rilevanti dal punto di vista amministrativo, bensì solo quelle che oltre a poter essere oggettivamente misurate in termini di valore, modificano qualitativamente o quantitativamente

---

[164]Agliati M., *I sistemi amministrativi integrati: caratteristiche funzionali e strategie di configurazione*, Egea, Milano, 1999

[165] La naturale predisposizione all'integrazione verticale propria dei sistemi ERP, infatti, permette, anche dal punto di vista tecnico, di articolare la base informativa rispetto ad una molteplicità di viste logiche.

[166] Resta in questo caso naturalmente da risolvere il problema delle modalità di alimentazione delle sintesi informative e accesso alle fonti originanti i dati elementari, la cui criticità risulta accentuata nel caso l'implementazione si limiti alla sola componente amministrativa.

l'entità del capitale di funzionamento o la struttura delle fonti di finanziamento dell'azienda[167].

La costruzione del sistema amministrativo integrato si avvia con l'individuazione preliminare degli eventi rispetto ai quali impostare il trattamento delle informazioni aziendali. In sede progettuale occorre, pertanto, definire il grado di dettaglio della rilevazione, e per tale via stabilire l'analiticità della base dati, individuare i sistemi transazionali dai quali acquisire i dati elementari e stabilire un criterio di codifica delle informazioni che sia coerente con le diverse esigenze di reporting[168].

Il secondo elemento su cui si basa un sistema integrato è costituito dai libri contabili (ledger) al cui interno vengono indirizzati e registrati i dati relativi a singoli eventi oggetto di rilevazione. I ledger consentono di gestire le differenti destinazioni dei dati in funzione di due criteri prevalenti:

- il tempo di competenza, per cui, in base all'orizzonte temporale di riferimento, si distingue tra dati contabilizzati nel mese, dati relativi a operazioni di chiusura periodiche, dati di budget, dati di previsione;

- la destinazione, per cui, in relazione ai criteri di valorizzazione e di rappresentazione, si distinguono dati che riguardano direttamente il sistema civilistico, dati che si riferiscono alle strutture di controllo di gestione interno, dati rivolti ad alimentare i flussi informativi verso altre entità di controllo.

I diversi *ledger* convergono nel sistema di *general ledger* che racchiude tutte le regole di misurazione e rappresentazione economica necessarie per dare origine alle diverse sintesi informative predisposte per scopi e interlocutori differenti. Il sistema di *general ledger* contiene la specificazione dei livelli di analisi e di aggregazione delle informazioni, e quindi le diverse destinazioni attribuite alle informazioni elementari nei vari momenti che ne hanno cadenzato il trattamento,

---

[167] Agliati M., *I sistemi amministrativi integrati: caratteristiche funzionali e strategie di configurazione*, Egea, Milano, 1999
[168] Definire la dimensione dell'evento impone verifiche di coerenza e compatibilità che necessariamente si estendono a tutte le aree funzionali e ne influenzano il modo di operare.

unitamente alla indicazione delle sequenze delle informazioni da rilevare per ogni evento amministrativo. La definizione delle caratteristiche del sistema di *general ledger* e la messa a punto delle modalità di suo funzionamento rappresentano il momento centrale nel processo di configurazione del sistema amministrativo aziendale.

Un sistema integrato impone alla funzione amministrativa di ripensare in chiave critica al modello di controllo aziendale[169].

Rivedere il modello di controllo aziendale significa, in particolare, verificarne e gestirne le ricadute su quattro ambiti di configurazione:

1. il piano dei conti;

2. i sistemi di analisi e controllo;

3. i collegamenti con i sistemi alimentati;

4. le regole di gestione dei flussi informativi.

Il piano dei conti esprime l'articolazione della base dati amministrativa e, attraverso la definizione delle codifiche contabili ed il loro collegamento con le strutture di reporting, determina l'orientamento di fondo del sistema di controllo[170]. Le decisioni di strutturazione del piano dei conti vengono guidate dalle esigenze di reporting; le attività di controllo di gestione concorrono a definire in particolare le esigenze di informativa interna, che possono richiedere la composizione di sintesi informative analitiche, articolate rispetto ad una varietà di viste logiche (linea di prodotto, canale di vendita, area geografica) e che di norma prevedono l'adozione di criteri di rappresentazione e valutazione propri. Si pensi ad esempio alla necessità di disporre di conti economici a costo del venduto o a margine di contribuzione, al ricorso a valori standard piuttosto

---

[169] Agliati M., *La componente amministrativa nei sistemi ERP* , Economia & Management, n°6, 1999
[170] In particolare esplicita il modo in cui devono essere articolate le informazioni elementari al fine di consentirne la corretta alimentazione del sistema e definisce la capacità informativa del sistema amministrativo.

che consuntivi, all'articolazione dei costi per destinazione invece che per natura[171].

In un sistema ERP il piano dei conti è assimilabile ad un elenco di elementi informativi, ciascuno caratterizzato da una propria codifica che ne guida l'aggregazione rispetto alle differenti viste logiche con le quali devono essere composte le sintesi informative[172]. La struttura della chiave di codifica (*coding block*) associata a ciascun elemento informativo del piano dei conti, definisce le potenzialità di articolazione delle sintesi informative ed il grado di flessibilità con cui possono aggregarsi le informazioni elementari.

Per consentire l'opportuno trattamento dei dati in sede di reporting, occorre definire preventivamente il contenuto degli elementi caratterizzanti la chiave di codifica, in modo da organizzare di conseguenza il flusso delle informazioni dai sotto-sistemi alimentanti, cioè dai sistemi operativi (logistica, magazzini, distribuzione, acquisti, ...); tutto ciò al fine di assicurarne la necessaria coerenza con gli obiettivi di analisi e di controllo. In questo modo si correda il dato di tutti i segmenti d'informazione necessari, però si impongono alle altre funzioni pesanti vincoli sia di tempistica sia di rispetto di particolari procedure[173].

Normalmente la componente contabile della chiave di codifica viene articolata rispetto a diversi livelli di aggregazione del piano dei conti: la classe, il mastro, il conto, il sottoconto.

---

[171] Particolari esigenze informative sono quelle di corporate, per le aziende che sono parte di gruppi di imprese, che oltre a caratterizzarsi per struttura e frequenza di elaborazione, di norma richiedono la applicazione di specifici principi di valutazione. Esistono anche esigenze di informativa esterna, e spesso le diverse esigenze informative sono in contrasto tra loro e devono essere soddisfatte facendo perno sulla medesima base informativa, strutturata in funzione di un unico piano dei conti che definisce lo schema di classificazione delle informazioni interne al sistema di general ledger cui si collegano diversi trattamenti contabili ed extracontabili. Sulle problematiche relative alle diverse esigenze informative aziendali si veda Di Stefano, *Il sistema delle comunicazioni economico-finanziarie nella realtà aziendale moderna*, Giuffrè, Milano, 1991

[172] In altri termini, l'organizzazione del piano dei conti è piatta modello gerarchico dei sistemi di contabilità generale tradizionali; le gerarchie vengono di volta in volta definite con riguardo alle esigenze di aggregazione connesse all'elaborazione di specifici rendiconti.

[173] Questo può far sorgere dei conflitti tra l'amministrazione, ed in particolare il controllo di gestione e le altre funzioni, che spesso non percepiscono i vantaggi del nuovo (e più oneroso) modo di operare. Agliati M., Meloni G., Meregalli S., Songini L., *L'impatto degli ERP sull'attività amministrativa: una promessa mantenuta?*, Economia & Management, n°1, gennaio 2000

Considerazioni conclusive: la gestione della conoscenza e la generazione di valore

Questo lavoro, che qui si conclude, è cominciato con considerazioni introduttive sul bisogno di conoscenza ed il valore dell'informazione in azienda. Si è trattato della trasformazione dei dati in informazioni e delle informazioni in conoscenza per il management mediante l'utilizzo di soluzioni tecnologicamente evolute, gli strumenti di Business Intelligence. Adesso che la conoscenza "è stata creata" deve essere gestita al meglio per poter generare valore.

Il *knowledge management* costituisce il più recente approccio manageriale in materia. Non vuole essere oggetto di questa trattazione, è una tematica vasta che potrebbe essere oggetto di un'altra ricerca scientifica, pertanto in questa sede si vuol fare solo cenno ad esso, presentandosi come giusta conclusione di questo lavoro.

Nella moderna economia, la conoscenza è diventata un fattore di produzione importante tanto quanto quelli tradizionali (capitale, risorse umane e risorse naturali). Il valore delle imprese è sempre più legato alla conoscenza presente nei dipendenti, nei processi organizzativi, nei prodotti e servizi, nelle relazioni con clienti, fornitori, partner.

Gran parte delle conoscenze aziendali giacciono disperse e poco sfruttate: spesso non si riutilizzano conoscenze già presenti in azienda, o addirittura le si distrugge con riorganizzazioni.

Se la conoscenza è così importante bisogna gestirla come ogni altro *asset* aziendale. Di conseguenza, le aziende stanno investendo per esplorare nuovi modi di gestire meglio le proprie risorse intellettuali, ovvero per creare, imparare, catturare, condividere, riutilizzare e capitalizzare le conoscenze a tutti i livelli organizzativi e persino alla periferia dei confini aziendali presso clienti, fornitori, partner.

La conoscenza è diversa da ogni altra entità (beni tangibili, beni finanziari, dati, informazioni) che può essere immagazzinata e recuperata quando serve.

La conoscenza comprende sempre due componenti:

- quella esplicita, che può essere verbalizzata, catturata e diffusa mediante documenti e programmi software;

- quella tacita, che non può essere separata dagli individui, dalle comunità di persone e dalle situazioni in cui risiede.

knowledge management letteralmente significa: "gestione della conoscenza", con questo termine si intende la funzione di sviluppo e gestione delle risorse relative alle conoscenze tangibili (attività di ricerca e sviluppo, brevetti, database dei clienti, dei fornitori e dei concorrenti) e intangibili (*skill*, esperienze, competenze delle persone inserite nell'organizzazione) che caratterizzano l'azienda.

La gestione della conoscenza è un insieme di strategie, processi e abilitatori organizzativi e tecnologici per consentire il flusso, lo scambio e la patrimonializzazione delle conoscenze col fine di creare valore per i clienti ed i consumatori. La disponibilità di tecnologia è, quindi, indispensabile per raggiungere risultati apprezzabili di un progetto di *Knowledge Management*.

La piattaforma tecnologica deve consentire:

- di accedere a tutte le applicazioni da un unico punto di ingresso, costituito in genere dal portale aziendale;

- la facilità di utilizzo;

- la standardizzazione degli strumenti, al fine di facilitare lo sviluppo e l'evoluzione del sistema.

L'adozione del *Knowledge Management* richiede l'attuazione di progetti che presentano caratteri differenti ed elementi comuni. Le principali tipologie di tali progetti sono:

- *Lessons Learned*. Si tratta nel processo di codificazione e raccolta delle conoscenze nate dalle esperienze passate al fine di favorirne successivamente la diffusione all'interno dell'impresa. Generalmente viene costruito una sorta di archivio dei casi affrontati, con riferimento ai quali i soggetti coinvolti descrivono i problemi affrontati, le soluzioni scelte, i risultati ottenuti e gli eventuali apprendimenti che è stato possibile ricavare;

- *Knowledge mapping*. I progetti di knowledge mapping consistono nel censimento delle conoscenze disponibili all'interno dell'organizzazione, con riferimento al tipo di conoscenza disponibile e al soggetto che la possiede;

- *Improving Knowledge Environment*. Si tratta di tutti quei progetti finalizzati a contribuire al miglioramento del contesto necessario al fine di favorire una corretta gestione della conoscenza nell'impresa. Rientrano in tali progetti le politiche di incentivazione del personale per la creazione ed il trasferimento della conoscenza e più in genere per il miglioramento della comunicazione dell'impresa.

Il Knowledge Management e la generazione di valore

Applicazioni tecnologiche per il KM sono:

- sistemi di gestione dei documenti, che consentono di catalogare, archiviare, controllare, autenticare, tradurre e condividere documenti (ad esempio il *data handling*);

- sistemi di gestione delle informazioni, che permettono, ad esempio, l'archiviazione dei dati, l'analisi dei bisogni degli utenti o la gestione integrata dell'impresa (ad esempio il *Competitive Intelligence Database*);
- applicazioni per la ricerca e l'indicizzazione, che svolgono una funzione di rilievo in considerazione della crescita esponenziale delle informazioni disponibili (ad esempio il *data mining*);
- *expert system* che, simulando i processi decisionali dell'uomo, conferiscono utilità a grandi quantità di dati e informazioni (ad esempio le applicazioni OLAP);
- strumenti per la comunicazione e la collaborazione, che facilitano il flusso della conoscenza tacita (ad esempio Lotus Notes o Microsoft Outlook).

Gestione della conoscenza significa identificare e acquisire le informazioni, organizzarle e renderle disponibili all'interno di ogni settore dell'impresa. Attraverso le informazioni si possono sviluppare nuove competenze, nuovi prodotti o servizi e processi più efficaci.

Il *knowledge management* costituisce il più recente approccio manageriale finalizzato ad incentivare la competitività dell'azienda.

Riferimenti bibliografici

Agliati M. Meloni G. Meregalli S. Songini L., L'impatto degli ERP sull'attività amministrativa: una promessa mantenuta?, Economia & Management, n°1, gennaio 2000

Agliati M., I sistemi amministrativi integrati: caratteristiche funzionali e strategie di configurazione, Egea, Milano, 1999

Agliati M., La componente amministrativa nei sistemi ERP, Economia & Management, n°6, 1999

Agliati M., Tecnologie dell'informazione e sistema informativo integrato, Egea, Milano, 1996

Amaduzzi A., L'azienda nel suo sistema e nell'ordine delle sue rilevazioni, Utet, 1978

Amaduzzi A., Principi dei sistemi, Etas Libri, Milano, 1974

Amigoni F. Beretta S. (a cura di), Information Technology e creazione di valore. Analisi del fenomeno SAP, Egea, Milano, 1998

Amigoni F. Ditillo A., Evoluzione tecnologica e sistemi di misure nella programmazione e nel controllo delle imprese, in Finanza, Marketing e Produzione, n°2, 2002

Amigoni F., I sistemi del controllo direzionale, Giuffrè, Milano, 1979

Amodeo D., Ragioneria generale delle imprese, Napoli, 1965

Ampollini C., La nuova funzione integrata di amministrazione e controllo, in "I sistemi integrati ERP", Amministrazione & Finanza Oro (Monografie), n°5, 2000

Ansoff H.I., Implanting Strategic Management, Prentice Hall, Englewood Cliffs, 1984

Anthony R.N. Dearden J., Management Control System, Harvard Business Irwin, Homewood, 1976

Anthony R.N., Planning and control System, Harvard Business School Press, Boston, 1965

Atti del convegno Risk Golf Day di Hicare, "Il ruolo del Risk Management nelle società di gestione del risparmio: aspetti operativi e scelte strategiche", Milano, maggio 2006

Azzone G., Innovare il sistema di controllo di gestione, Etas, Milano, 2000
Bandettini A., Controllo di gestione: aspetti tecnico – contabili, Cedam, Padova, 1980

Beretta S. Polo A., Sistemi ERP e Business Process Management: il legame mancante, in Economia e Management, n°1, 2002

Bergamin Barbato M., Il controllo di gestione nelle imprese italiane, Etaslibri, Milano, 1983

Besta F., La Ragioneria Vol. II° , Vallardi, 1922

Borsa Italiana, Guida al sistema di controllo di gestione, Listing Guides, Borsa Italiana S.p.A., 2003

Borsa Italiana, Memorandum sul sistema di controllo di gestione, Borsa Italiana S.p.A., 2006

Bracchi G. Francalanci C. Motta G., Sistemi informativi ed aziende in rete, McGraw Hill, Milano, 2001

Brunetti G., Il controllo di gestione, Franco Angeli, Milano, 1979

Brunetti G., Scritti di Economia Aziendale in onore di Raffaele D'Oriano, 1997

Brunozzi S., Business Intelligence: strumenti e software utilizzabili, in Business Online, luglio 2006

Brusa L. Zampogna L., Pianificazione e controllo di gestione, Etaslibri, Milano, 1991

Brusa L., Sistemi manageriali di programmazione e controllo, Giuffrè, Milano, 2000

Bubbio A. Facco M., Gestione per processi: i metodi e gli strumenti, in Amministrazione & Finanza, n°9, 1996

Bubbio A., Il budget, ISEDI, 2000

Burch J.G., Contabilità direzionale e controllo di gestione, Egea, Milano, 2000

Busso D., L'economia degli Application Service Provider, Giuffrè, Milano, 2003

Camussone P.F., Informatica, Organizzazione e Strategia, Mc Graw Hill, Milano, 2000

Caramiello C., L'indagine prospettiva nel campo aziendale, Cursi, Pisa, 1965

Cavalieri E. Ranalli F., Appunti di Economia Aziendale, Kappa, Roma, 1994

Cerbioni F. Antonelli V., Il budget nel sistema di controllo di gestione, Giappichelli, Torino, 2000

Cerruti C., L'introduzione di strumenti informativi avanzati nella media impresa: prime evidenze su potenzialità e limiti dei sistemi ERP, Convegno AIDEA, Parma, 29-30 ottobre 1999

Costa G. Nacamulli R.C.D., Manuale di organizzazione aziendale, Utet, Torino, 2005 vol. 5

Costabile M., Il capitale relazionale - Gestione delle relazioni e della customer loyalty, McGraw-Hill, Milano, 2003

Cristallo R., Ogni Sistema informativo in azienda può diventare una miniera d'oro, in Business Online, dicembre 2005

Crivellari F., Elementi di Programmazione, Franco Angeli, Milano, 1996

Culasso F., Information technology e controllo strategico, Giuffrè, Milano, 2004

De Marco M., I Sistemi Informativi Aziendali. Temi di attualità, Franco Angeli, Milano, 2000

Di Stefano, Il sistema delle comunicazioni economico-finanziarie nella realtà aziendale moderna, Giuffrè, Milano,1991

Fadini B. Savy C., Fondamenti di Informatica I, Liguori Editore, Napoli, 1997

Falduto L., Reporting aziendale e Business Intelligence, Giappichelli, Torino, 2001

Favotto F. (a cura di), Le nuove frontiere del controllo di gestione, McGraw Hill, Milano, 2006

Favotto F., I supporti informatici per le decisioni, Clueb, Bologna, 1988

Federcomin, Osservatorio semestrale della Società dell'Informazione, luglio 2006

Ferrari A., Miniera di dati. La scoperta della conoscenza nascosta nelle grandi basi dati, Franco Angeli, Milano, 2002

Ferrero G., Impresa e Management, Giuffrè, Milano, 1987

Ferrero G., Istituzioni di economia d'azienda, Giuffrè, Milano, 1968

Forrester J., Principles of systems, Cambridge, Wright Allen Press, 1968

Gaveglio A., Datawarehouse: come cambia il sistema informativo in azienda, in Amministrazione & Finanza, n°8, 1997

Giannessi E., Le aziende di produzione originaria, Curzi, 1960

Inmon W. H., Building the data warehouse, Jonh Wiley & Sons, New York, 1996

Intervista a Daniele Moscato, responsabile rating intelligence della funzione Ratings & Capital Management, "La Business Intelligence a servizio di Basilea II", in Insight On-Line, Business Objects Italia, Primavera 2006

Kaplan R. S., Strategy Maps: converting intangible assets into tangible outcomes, Harvard Business School Press, Boston, 2004

Kaplan R.S., Atkinson A.A., Advanced Management Accounting. Gli strumenti del controllo di gestione, ISEDI Utet, Torino, 2002

Kaplan R.S., Norton D.P., Balanced Scorecard. Strategy into action., Harvard Business School Press, Boston, 1996

Kelly S., Data Warehousing in Action, Jonh Wiley, New York, 1998

Loshin D., Business Intelligence: the Savvy manager's Guide, Morgan Kaufmann Publishers, San Francisco, 2003

March e Simon, Teoria dell'organizzazione, Utet, Torino, 2000

Marchi L. (a cura di), "L'utilizzo della contabilità generale per il controllo di gestione", SEU, Pisa, Collana I quaderni del dottorato, a.a. 2000-2001

Marchi L., I sistemi informativi aziendali, Giuffrè, Milano, 1993

Marchi L., Principi di revisione aziendale, Clueb, Bologna, 2000

Marchini I., La contabilità preventiva di esercizio e la contabilità dei costi nella impresa industriale, Giappichelli, Torino, 1985

Massa S. Testa S., Data Warehouse e Knowledge Management, in Sviluppo e Organizzazione, n°197, 2003

Mercurio R. Testa F., Organizzazione assetto e relazioni nel sistema di business, Giappichelli Editore, Torino, 2000

Migliorini V., Il "ciclo passivo", in Amministrazione & Finanza, n°201, 1996

Migliorini V., La qualità del servizio al cliente nel "ciclo attivo", in Amministrazione e Finanza, n°2, 1997

Mintzberg H., The nature of managerial work, Harper & Row, New York, 1973

Miotto F., I sistemi informativi in azienda. Teoria e pratica, Franco Angeli, Milano, 2003

Miroglio F. Pistoni A., Ciclo passivo ed EDI – Semplificazione dei processi amministrativi e tecnologie dell'informazione, in Economia e Management, n°6, 1997

Mucelli A., I sistemi informativi integrati per il controllo dei processi aziendali, Giappichelli, Torino, 2000

Onida P., Economia d'azienda, Utet, Torino, 1965

Pasini P. Perego A. Erba M., L'evoluzione dei sistemi di Business Intelligence. Verso una strategia di diffusione e standardizzazione aziendale, Egea, Milano, 2004

Pasini P. Perego A., I sistemi di business intelligence nel settore finanziario, Gruppo Editoriale Edipi, 2003

Petroni S., Informatica e controllo di gestione – Un quadro di riferimento, in Budget, n°13, 1998

Pistoni A. Songini S., Il management del 2000: quali sfide per la funzione amministrativa, Milano, Egea, Collana Atti & Monografie, 1997

Polo A. Beretta S., Sistemi ERP e Change Management, in Sviluppo e Organizzazione, n°194, 2002

Porter M., Il vantaggio competitivo, Edizioni Comunità, Milano, 1987

Porter M., La strategia competitiva. Analisi per le decisioni, Tipografia Compositori, Bologna, 1987

Rappaport A., Creating Shareholder Value, The Free Press, 1986

Rasola F., L'organizzazione dei sistemi di business intelligence nel settore finanziario. Il datawarehouse e il datamining, Franco Angeli, Milano, 2000

Rossi R., Dai sistemi "standard" ai sistemi "integrati", in Amministrazione e Finanza, n°21, 1996

Rossi R., I sistemi informativi "verso il 2000", in Amministrazione e Finanza, n°18, 1997

Rugiadini A., I sistemi informativi d'impresa, Giuffrè, Milano, 1970

Saita M., Configurable enterprise accounting, Giuffrè, Milano, 1996

Salvioni D. M., Il sistema di controllo della gestione, Giappichelli, Torino, 1997

Santesso E. Ferrarese P., Controllo di gestione: limiti e prospettive di sviluppo, Ed. ISEDI, 1990

Saraceno P., Irripetibilità dei modelli di sviluppo, in Economia e direzione dell'impresa industriale, ISEDI, Milano, 1978

Sciarelli S., Economia e gestione dell'impresa, Cedam, Padova, 1999

Senge P., The Fifth Discipline, Doubleday Publishing, 1990

Sinatra A., Strategia e politica aziendale, Utet, Torino, 2001

Tansini M., Il mercato IT si avvia ad un nuovo ciclo di crescita in Italia secondo IDC, in Business Online, giugno 2006

Tartaglia S., Il valore dell'innovazione per la competitività delle imprese, in Insight, Business Objects Italia, Estate 2004

Toscano G., La misurazione delle performance di processo tra Non Financial Indicator ed Activity Based Accountig, in Budget n°5, 1996

Vanzanelli D., Data Warehousing e Customer Relationship Management: al di là del mito, in Sviluppo e Organizzazione, n°184, 2001

Vaughn J., Client/Server System Design and Implementation, McGraw Hill, New York, 1994

Vitt E. Luckevich M. Misner S., Business Intelligence, Microsoft Press, Washington, 2002

Zanda G., Direzione per obiettivi e razionalizzazione del governo di impresa, in saggi di Ragioneria e di Economia Aziendale, Cedam, Padova, 1987

Zappa G., Il reddito di impresa, Milano, 1937

Siti Internet consultati:

www.borsaitaliana.it

www.businessonline.it

www.gartner.com

www.hicare.com

www.hyperion.com

www.intellibusiness.com

www.italy.businessobjects.com

www.microsoft.com/italy/businessintelligence

www.poste.it

www.sap.com/italy

www.sas.com

www.shinynews.it

Business Intelligence Network

www.business-intelligence-software

www.ingramcontent.com/pod-product-compliance
Lightning Source LLC
Chambersburg PA
CBHW071215050326
40689CB00011B/2329